名师讲堂码书码课系列

主编：李玉平　雷斌　武丽志

U0645509

小学生
科学养育手册

陈燕　蔡海辉　主　编

蔡颖　胡涓兰　副主编

清华大学出版社

北京

内 容 简 介

《小学生科学养育手册》全书依据《中小学心理健康教育指导纲要（2012）》有关小学生心理教育的重点内容，分为四章内容，分别是生活辅导篇、学习辅导篇、人格辅导篇和生涯规划篇，共36个小节，每小节都包含情景剧场、家长反思、养育秘籍和亲子时光四个部分。情景剧场部分由佛山市顺德区容桂泰安小学的学生、家长、教师共同参演，读者可以直观地感受到不同家庭教育模式给孩子带来的影响。家长反思部分设定了几个问题帮助各位家长看到自己的教养方式。养育秘籍部分由资深教师讲解教养方法，有助于读者学习科学家教的新理念。亲子时光部分提供了不同的亲子活动方案，有助于读者拓展亲子相处的新模式。

图书在版编目（CIP）数据

小学生科学养育手册 / 陈燕，蔡海辉主编 . -- 北京：
清华大学出版社，2024.7. -- (名师讲堂码书码课系列).
ISBN 978-7-302-66771-1

Ⅰ . G624.63

中国国家版本馆 CIP 数据核字第 2024DR1669 号

责任编辑：田在儒
封面设计：刘 键
责任校对：袁 芳
责任印制：杨 艳

出版发行：清华大学出版社
  网 址：https://www.tup.com.cn，https://www.wqxuetang.com
  地 址：北京清华大学学研大厦 A 座 邮 编：100084
  社总机：010-83470000 邮 购：010-62786544
  投稿与读者服务：010-62776969，c-service@tup.tsinghua.edu.cn
  质量反馈：010-62772015，zhiliang@tup.tsinghua.edu.cn
印 装 者：大厂回族自治县彩虹印刷有限公司
经 销：全国新华书店
开 本：145mm×210mm 印 张：6 字 数：149 千字
版 次：2024 年 7 月第 1 版 印 次：2024 年 7 月第 1 次印刷
定 价：29.00 元

产品编号：104541-01

丛 书 编 委 会

主 编

李玉平　雷　斌　武丽志

委员（按拼音排序）

陈国文	丁清尚	胡维森	刘海星
卢和琰	马巧燕	施玉昌	塔　拉
王昌胜	王俊莉	肖　裔	熊仕荣
叶　丹	臧季霞	张素爱	张先敏

本书编委会

叶颖春	何少森	赵明芬	钟庭锋
林志权	黄欢欢	陈　静	梁焕贤
罗佳茵	黄翠珊	范安莉	王　萍
陈土金	李一飞	彭彩凤	林翠媚

丛 书 序

回想 2017 年，在清华大学出版社的大力支持下，我们推出了"名师讲堂码书码课系列"第一本码书。如今，时间已超过 7 年。如果算上李玉平老师、雷斌老师以及我在教育信息化、教师专业发展领域的实践与研究积淀，这个时间则更长。人们常用"七年之痒"来形容事物新鲜感的逐渐消退，但对于码书开发而言，不仅没有出现这种感觉，反而随着时间的延展，越来越多的学校和教师参与进来，创新不断融入其中，使得码书更加充满生命力。

我们一直坚信，教育智慧广泛存在于一线教师的教学实践经验中。广大教师，尤其是一线的名教师、名校长、名班主任，都拥有自己的业务专长和难以文字化、公式化的个性化知识，即所谓的"隐性知识"。这种知识通常与人结合紧密，以人为载体，难以通过常规信息工具传播。如果能够挖掘并显性化这些宝贵的隐性知识，并通过一定的载体分享流通，将极大地促进教师个体及群体的专业化发展，推动教育优质均衡，进而促进教育高质量发展。"码书"正是我们找到的有效途径之一。

"码书"是一种富含二维码的书籍，它不仅包含传统的文字和图片，还有许多链接到外部资源的二维码。读者通过扫描书中的二维码，可以观看作者精心制作的微课程，参与研讨和探究活动，这就是"码课"。这些微课程以视频形式承载了教师的经验和智慧。对作者而言，开发"码书"是一个不断反思、整合、凝练和表达的过程；对读者而言，阅读"码书"则是一个沉浸式体验、学习和互动的过程。开发和阅读"码书"都是知识生产的过程，这代表了"互联网＋"时代的新知识观。"码书码课"使我们的丛书超越了传统印刷品的界限，成了"互联网＋"终身学习的产物。

武丽志

于广州华南师范大学

2024 年 6 月

科学养育，让孩子结出梦想的果实

"梦想"的种子种进了孩子的心田，慢慢地会生根发芽，而科学养育就像是良好的环境和土壤，帮助每一粒种子结出丰硕的果实。

养育孩子是每一位家长应该长期进修的一门功课，用更科学、更符合孩子成长规律的方法来进行教育，往往能达到事半功倍的效果。

本书内容丰富、指导性强，贴合当下家庭教育所需，能够分阶段、有针对性地帮助多数家长解决在家庭教育方面的困惑和难题。全书依据《中小学心理健康教育指导纲要（2012）》有关小学生心理教育的重点内容，分为四章内容，分别是生活辅导篇、学习辅导篇、人格辅导篇和生涯规划篇，共36个小节，每小节都包含情景剧场、家长反思、养育秘籍和亲子时光四个部分。情景剧场部分由佛山市顺德区容桂泰安小学的学生、家长、教师共同参演，读者可以直观地感受到不同家庭教育模式给孩子带来的影响。家长反思部分设定了几个问题帮助各位家长看到自己的教养方式。养育秘籍部分由资深教师讲解教养方法，有助于读者学习科学家教的新理念。亲子时光部分提供了不同的亲子活动方案，有助于读者拓展亲子相处的新模式。真挚感人的生动事例与通俗易懂的教育理念无不闪烁着一线教师的教育智慧，对广大家庭的家长具有极大的启发性和可操作性。

相信阅读此书，能帮助读者更好地进行科学养育，健康家庭建设，使得每一个孩子都能茁壮成长，结出梦想的果实。

最后感谢所有参与这本书的文案编辑及参演情景剧的老师们，是他们的专业精神和辛勤付出，才使这本书得以更加完美地呈现在读者面前。同时感谢泰安小学的校友们，一直以来对泰安小学工作的大力支持和热心帮助，本书的制作和出版由校友们热情资助。

编　者
2024 年 3 月

目 录

第 一 章

生活辅导篇

第一节　热爱运动，助力大脑发展

情景剧场

情景初现

放学了，9岁的明明背着书包回家，一回到家，妈妈就喊明明写作业。明明想要先到楼下去运动，但妈妈不同意说："一天到晚就想着玩，你作业写完了吗？"明明只好一脸不情愿地拿出作业，一会儿玩玩笔，一会儿玩玩橡皮，心里想着和邻居

情景剧视频

小刚到楼下一起比赛轮滑的场景，想着想着，半小时过去了，妈妈走进房间喊明明吃饭，一眼看到明明写的字歪歪扭扭的，心想：这孩子怎么这么不争气啊。于是妈妈气冲冲地批评了明明，明明很郁闷，妈妈也很无奈。

（从家长的视角看，妈妈觉得放学就去运动会影响学习，应该先写作业，希望明明乖乖听话，认真写作业。）

孩子内心独白：妈妈，我今天在学校已经完成了一半的作业了，我只是想先出去玩一会而已，可是你什么都没看到，你就会批评我，就会说我不专心。

（从孩子的视角看，明明希望先到楼下运动一下，放松一下，晚点再做作业。）

🔄 **读懂孩子，翻转剧情。那我们再来一次吧！**

情景再现

放学了，9岁的明明背着书包回家，一回到家，妈妈就让明明去写作业。明明说想要先到楼下去运动。妈妈心想：这孩子写完作业了吗？虽然很疑惑，但还是希望理解孩子。于是妈妈走过去问："明明，运动是好事情，你先和妈妈说说今晚的计划？"明明抬起头对妈妈说："妈妈，我想和邻居小刚到楼下练习轮滑，我和他都报名了学校的轮滑比赛，我想趁比赛前多练习一下。"妈妈说："儿子，妈妈支持你，那么今晚你打算怎么安排作业时间呢？"（支持孩子参加运动的决定，引导孩子安排好时间。）明明告诉妈妈："妈妈，我今天在学校已经做完一半的作业了，今晚打算8点半之前完成剩下的功课。"妈妈接着说："好，相信你可以说到做到，你下楼运动半小时回来吃晚饭，现在带上你需要的东西去运动吧。"（给孩子赋能，表达对孩子的信任。）明明回房间拿了一条毛巾，换上轮滑鞋，就到楼下去了，半小时后，他准时回到家。爸爸称赞明明："真准时！"（及时肯定孩子。）明明不仅锻炼了身体，还得到了爸爸的夸奖，心情非常愉快。

结局翻转

晚上，明明专心地完成了功课。

家长反思

反思一

情景初现中，明明的妈妈做了什么事情让孩子陷入了情绪困境呢？

_____

_____

反思二

你家孩子每天放学运动多长时间呢？你知道运动有哪些好处吗？

_____

_____

养育秘籍

运动对大脑的作用有哪些？

很多人都低估了运动的重要性，特别是运动对大脑的作用，美国哈佛大学医学院副教授、运动与大脑研究领域世界级权威John Ratey（约翰·瑞迪）教授首次莅临中国时，向大家讲述了运动与大脑之间的关系，他提到："运动对大脑产生的影响，要远远胜于对身体其他部位的影响，运动可以改造乃至重塑大脑，提高人类的行动力、专注力、记忆力，积极影响比服用药物更加有效。"

大脑并不是一个一成不变的器官，相反，大脑和我们身体上的肌肉一样属于适应性的器官。比如当人们举重的时候，手臂肌肉力量会加强，而且会随着锻炼量的增加而变得越来越强壮而灵活，大脑其实也有着相同的机制，越用越灵活。

给小学生和成人的运动建议有哪些？

根据《全民健身计划（2021—2025）》的建议，我们需要保障孩子每天在校内、校外各有 1 小时体育活动时间。[1] 世界卫生组织（WHO）发布的最新《关于身体活动和久坐行为指南》中同样指出，所有成年人都应定期进行身体活动。[2]

每天早晨起来和孩子一起简单地到楼下运动 10 分钟，不用特别长的时间，就能让孩子和自己一天的精力更加充沛。还可以把每天放学后的某个时间段作为和孩子的户外活动时间，一起散步、打球、慢跑、跳绳等。

很多家长习惯让孩子放学回家后立刻写作业，做完作业再出去玩，但其实科学研究告诉我们，孩子放学后先出去运动半小时再回家做作业，学习效果可能更好。

如何提高孩子的运动积极性？

研究表明，体育锻炼行为习惯越好的父母，其孩子运动参与行为越多。小学是孩子成长过程中与父母一起锻炼时间最多的阶段，因为小学生们运动参与时喜欢和自己比较亲近的人一起进行，所以父母应以身作则，对小学生起榜样引导作用。

🎈 亲子时光

"双减"政策下，小学生的作业量减少，课余时间增加，家长们可以利用这段时间和孩子一起参与锻炼，填写每周运动记录卡，在运动的同时，把这段时间打造成亲子快乐时光，孩子也会特别喜欢能有固定的时间和家长一起运动玩耍。

---

[1] 全民健身计划（2021—2025 年）[EB/OL]. 2021-07-18.

[2] 关于身体活动和久坐行为指南（WHO guidelines on physical activity and sedentary behaviour）[EB/OL]. 2020-11.

每周运动记录卡

时　间	运 动 地 点	运 动 伙 伴	运 动 时 长
周一			
周二			
周三			
周四			
周五			
周六			
周日			

第二节　勤做家务，助力家庭责任

情景剧场

情景初现

　　周末下午，爸爸有事出门了，只有亮亮和妈妈在家。这会儿，亮亮已经完成了学校布置的作业，便打算看电视放松一下，于是亮亮走到客厅看起了喜欢的动画片，又拿出玩具在一旁堆砌。妈妈因为平时上班工作繁忙，没办法兼顾家里的家务活，只能利用周末休息时间打扫家里的卫生。

情景剧视频

　　当妈妈看到满地没有收拾的玩具，以及正在看电视的亮亮时，忍不住数落道："亮亮，你就不能让妈妈省省心，帮忙收拾收拾自己的玩具吗？你看看，你一边看电视，一边玩玩具，把客厅弄的乱糟糟。等会如果有客人来到家里，看到家里这么乱像话吗？一天到晚只知道坐在那里等着我收拾。"

　　亮亮听到妈妈抱怨的语气，心里感到十分委屈：妈妈怎么脾气这么大呢，我可以收拾自己的玩具，妈妈为什么不能好好说，一上来就责怪我。亮亮有些气恼，忍不住回嘴道："我没说不收拾啊，我就看个电视而已，你一回家就说我，我做什么都不对！"顶撞完妈妈，亮亮一下把手中的积木玩具推倒了，气呼呼地跑回房间。

（从家长的视角看，妈妈觉得自己长时间辛苦地工作，休息日不但没能好好休息，还得打扫家里卫生。而孩子呢，没有收拾好玩具反倒在一旁看电视，不仅不帮忙做家务，还制造更多的家务活等她来做，十分不体谅自己。）

（从孩子的视角看，他已经做完了老师布置的家庭作业，只是想看个电视放松一下，但妈妈却不分青红皂白，一回家就一顿数落自己，他感到很委屈、很难过也很恼火，否则也不会出言顶撞妈妈了。）

🔄 读懂孩子，翻转剧情。那我们再来一次吧！

情景再现

周末下午，爸爸有事出门了，只有亮亮和妈妈在家。这会儿，亮亮已经完成了学校布置的作业，便打算看电视放松一下，于是亮亮走到客厅播起了喜欢的动画片，又拿出玩具在一旁堆砌。妈妈因为平时上班工作繁忙，没办法兼顾家里的家务活，只能利用周末休息时间打扫家里的卫生。

当妈妈看到满地没有收拾的玩具，以及正在看电视的亮亮时，虽然忍不住想皱眉，但仍然心情平和地说："哎呀，刚清洁完可把妈妈给累坏了。亮亮，你在看什么呀？"（妈妈看到满地没有收拾的玩具，虽然有点不满，但并没有直接表现出来，而是将脆弱的一面展示在孩子面前，希望借此引起孩子的关注和心疼。）

亮亮听到妈妈的问话，正准备回应，抬起头看到她额头上布满了汗水，便赶紧起身说："妈妈，我在看动漫片，我给你倒杯水，你先坐下来休息休息。"转头，亮亮便给妈妈递了一杯温水说："妈妈请喝水。"

妈妈看到亮亮这么懂事，心都软了，她看着孩子的眼睛，温和地说："谢谢亮亮。妈妈确实有些累了，可是家里的活都还没干完，那怎么办呀？"（妈妈并没有一上来就用责怪的语气去批评亮亮，而是适当地向孩子示弱，并将孩子放在对等的一方询问，唤起他作为家庭一分子的意识，趁机引导孩子主动承担家务劳动。）

亮亮立马说道："妈妈，我学校的作业都做完了，我可以帮忙呀。你说，还有什么家务活没干完，需要我做的吗？"

妈妈特别开心地摸了摸孩子的头说："哎呀，原来我们亮亮在妈妈没监督催促的情况下已经把学校作业做好了，不用妈妈操心，可真是太棒了。现在还这么体谅妈妈，妈妈真的非常高兴。那亮亮可以把地上的玩具收拾一下，然后把地板打扫干净吗？"（妈妈肯定孩子的表现，同时继续推进引导孩子参与家务劳动，培养责任心。）

亮亮高兴地拍着胸脯大声应道："没问题，妈妈。我可是家里的小男子汉，你就放心地交给我做吧！"听完亮亮的回答，妈妈欣慰地说："好，那亮亮收拾一下吧！"

结局翻转

亮亮听到妈妈的表扬，心里美滋滋的，干劲十足地打扫起来，很快把地上的玩具收拾得整整齐齐，客厅也变得十分干净有序。

家长反思

反思一

情景再现中，亮亮妈妈的做法有什么不同？效果如何呢？你的启发是什么？

_____

_____

反思二

假如你家的孩子不主动参与家务劳动，你是如何看待的？又是怎样引导的？

_____

_____

养育秘籍

家务劳动的基本内涵是什么？

家务劳动是家庭成员通过个体或集体的劳动而形成的一种共同责任，也是家庭成员之间的共同需求。它与家庭生产生活紧密相连，且既有分工又有合作，能够帮助家庭成员之间沟通思想感情，交流理想和意志。

为什么让孩子参与家务劳动？

《教育部基础教育司 2019 年工作要点》明确提出，未来将继续加强中小学劳动教育，充分发挥劳动的综合育人功能[1]。2020 年 3 月，中共中央、国务院颁布《关于全面加强新时代大中小学劳动教育的意见》，提出"将劳动教育作为中国特色社会主义教育制度的重要内容。并且贯通大中小各学段，贯穿家庭、学校、社

---

[1] 中华人民共和国教育部.关于印发《教育部基础教育司 2019 年工作要点》的通知 [EB/OL].2019-03-18.

8

会各方面"[1]。劳动与教育的有机联合，不仅仅是国家相关政策的明文要求，更是丰富学生思想情感和促进学生健康发展的有效途径。而引导孩子参与家务劳动，便是家庭中对孩子进行劳动教育的一种方式，这能够有效地帮助孩子形成劳动意识、提高劳动能力、养成良好的劳动习惯，对促进学生的综合性发展有着十分重要的意义。

如何让孩子参与家务劳动？

（1）家长要树立起劳动教育观念，明白家务劳动对孩子的教育作用，是其他任何形式的教育所不能替代的。

（2）帮助孩子树立家庭主人翁的意识。家庭的组成不仅有父母双方，还有孩子这一重要存在。因此，我们不能因为孩子年岁尚小而忽略了他也需要在自己能力范围内为家庭所承担的责任。帮助其树立主人翁意识，可以增强孩子作为家庭成员的责任心，从而激发其参与家务劳动的积极性和使命感。

（3）放平姿态，做到与孩子正面、有效的沟通。让孩子参与家务劳动，能够加强孩子对家庭的归属感，感到自己的责任与义务，所以在沟通的过程中更要注重与孩子沟通的方式，因此作为家长切忌急切急躁，要多给予孩子鼓励和赞美，使孩子能够从家务劳动中获得成就感、自信心，从而肯定自己，甚至能更进一步地促进其良好的心理和品质的发展。

亲子时光

活动主题

制作劳动清单。

活动建议

培养孩子热爱劳动，形成主动劳动的意识和习惯需要在长期

---

[1]　中共中央、国务院 . 关于全面加强新时代大中小学劳动教育的意见 [EB/OL]. 2020-03.

的社会实践活动中逐步实践。在与孩子日常相处的过程中，家长不妨与孩子一同制定家庭劳动清单，合理分工协调家务劳动，共同度过愉快的亲子时光。

家庭劳动清单

活动时间	整理房间	打扫卫生	美化家庭	烹饪帮厨
星期一				
星期二				
星期三				
星期四				
星期五				
星期六				
星期日				

第三节　睡得安稳，助力学业表现

情景剧场

情景初现

晚上9点了，浩浩走到客厅宣布："我写完作业啦！"妈妈让浩浩准备上床睡觉。此时，爸爸还在客厅看电视，妈妈拿着手机在刷抖音，浩浩顿时不想睡了，于是对妈妈说："妈，我睡不着。"妈妈说："那你看一会动画片去。"

情景剧视频

（从家长的视角看，妈妈希望浩浩早点去睡觉，不要打扰自己看手机和电视。）

（从孩子的视角看，今天提早写完作业了，希望让爸爸妈妈看到，但是家人只顾着自己玩手机看电视，并没有关注孩子。）

　　浩浩拿过桌上的平板电脑回房间看动画片，乐得哈哈大笑。不一会就到 11 点半了。全家人都没睡觉，妈妈看到时间那么晚了，浩浩还在玩平板电脑，就大声说："哇，浩浩，已经 11 点半了，你该睡了，快把平板电脑还给妈妈，明天还要上学呢，快关灯！"浩浩说："不要！我要再玩一会！"浩浩抓着平板电脑不放，妈妈一把抢过平板电脑，浩浩生气地拍桌子，妈妈也很无奈。

　　孩子内心独白：妈妈，我今天提早写完作业了，希望让爸爸妈妈看到。但你和爸爸只顾着玩手机看电视，什么也没有看到。你们不是也要工作吗，你们也没有睡，还在看电视刷抖音，凭什么说我。

　　妈妈内心独白：我只希望孩子浩浩早点去睡觉，没想到会这样。

　　第二天早上起床，浩浩无精打采的，上课托着小脑袋，老师点名让浩浩回答问题，浩浩也是睡眼惺忪，什么都回答不出来。

> ↻　**读懂孩子，翻转剧情。那我们再来一次吧！**

情景再现

　　晚上 9 点了，浩浩走到客厅宣布："我写完作业啦！"妈妈听到后，关掉了手机，眼神示意爸爸也关掉电视。（爸爸妈妈虽然想继续看手机和电视，但是知道营造好的环境对孩子睡眠的影响。）

　　爸爸对浩浩说："浩浩今天真不错，写作业比昨天更快了，现在还有半小时就要到睡觉时间了，你想怎么安排呢？"（爸爸看到浩浩的进步，马上给予鼓励和强化，运用启发式提问让孩子尝试自主安排睡前时间。）

　　浩浩对爸爸说："这么早，我还睡不着，不知道做什么好。"

　　爸爸对浩浩说："那今天我们就讲一篇睡前故事好吗？你想爸爸跟你讲，还是妈妈跟你讲呢？"（培养孩子睡前阅读的习惯。）

　　浩浩说："我要爸爸妈妈一起讲！妈妈扮演唐僧，爸爸扮演猪八戒，我扮演孙悟空，哈哈哈哈！"妈妈说："好啊，浩浩！那我们看一下时间准备开始吧。"

　　于是浩浩和爸爸妈妈一起分角色读了一篇睡前故事，9点半到了，大家互道晚安，就睡觉去了。

结局翻转

　　第二天早上，浩浩神清气爽，上课积极举手发言，在故事分享会上还被老师表扬了。

家长反思

反思一

　　情景再现中，浩浩的爸爸妈妈做了什么事情扭转了结局？你的启发是什么？

_____

_____

反思二

　　你家孩子睡不着，你是如何看待的？又是怎样引导的？

_____

_____

养育秘籍

睡眠对孩子有哪些影响？

睡眠是一种高度复杂的行为，由多种神经回路、神经递质和激素的相互作用而产生，也是人类基本的生理调节过程，与儿童大脑发育和成熟密切相关，睡眠影响小学生情绪调节能力的发展。睡眠不足、睡眠质量差与负面情绪的增加有关，短时期的睡眠限制也会损害小学生的情绪和认知功能，研究表明，睡眠质量越低，儿童越容易出现焦虑情绪，充足的睡眠可以维持个体内部的平衡，从而保证儿童进行自我调节，这对儿童的情绪、社会发展、行为习惯至关重要。[1] 睡眠有助于提升孩子的记忆力，有助于短期记忆变成长期记忆，有助于记忆的整合和关联以及注意力的提升。因此，安稳的睡眠有助于孩子的学业表现。

根据不同年龄段学生身心发展特点，小学生每天睡眠时间应达到 10 小时，初中生应达到 9 小时，高中生应达到 8 小时。[2]

如何让孩子有一个良好的睡眠呢？

（1）作息习惯一定要有规律，让孩子每天同一个时间上床睡觉，同一个时间起床，养成一个良好的作息规律。

（2）睡眠与体温有着密切的关系，降低身体的核心温度，身体核心温度降低，能帮助人更快地进入睡眠，也让人有深度的睡眠。降低身体核心温度，首先要让卧室保持一个凉爽的温度，在睡前 1~2 小时洗澡，给身体足够的时间降温。[3]

（3）尽量不要让孩子睡觉前使用电子产品。

（4）每天足量的运动有助于提高睡眠质量，不要在临睡前做激烈的运动。

---

[1] 梁杰.睡眠对小学生情绪调节的影响 [J]. 中小学心理健康教育，2021(1):3.

[2] 教育部办公厅关于进一步加强中小学生睡眠管理工作的通知 [EB/OL].2021-04-02.

[3] 今日健康阅读：降低身体"核心温度"，有助一夜好眠 [Z/OL].

🎈 亲子时光

活动主题

亲子共读睡前故事。

活动步骤

睡前 30 分钟为孩子播放舒缓音乐，播放有声故事书。

第四节　健康饮食，助力孩子健康成长

📣 情景剧场

情景初现

　　童童从小就喜欢吃肉而不愿意吃蔬菜，从而导致身体有些肥胖，于是童童妈妈就减少了每周做红烧肉的次数，每到周末才做红烧肉。

　　星期六上午，妈妈做了一顿美味的午餐。童

情景剧视频

童大声告诉妈妈："我想吃红烧肉。"快到午餐时间了，童童闻着红烧肉飘来的香味，往厨房跑了好几趟。午餐上桌了，童童第一个拿起筷子就夹起了他最爱吃的红烧肉，一连吃了七八口。妈妈看不下去了，于是对童童说："童童，吃点别的菜，看绿色的菠菜也很好吃！"说着，还吃了一口，一脸回味表示很香。童童不乐意，继续吃着红烧肉，边吃边想：好不容易到了周末，能够吃红烧肉，我可得吃个够。他一口接一口地继续吃着红烧肉，其他菜一口不吃。妈妈看了生气地说："别吃了！再吃肚子就会不舒服，一点都不知道节制。"说着将红烧肉直接端走了。童童一看红烧肉被端走了，非常生气，干脆不吃饭了，走进了房间，关上了房门。好好的一顿午餐，就因为一盘红烧肉不欢而散。

（从家长的视角看，妈妈希望童童能够吃饭有节制，不要暴饮暴食，注意营养搭配，这样身体才会更健康。）

孩子内心独白：妈妈，我最爱的吃红烧肉。因为你觉得我有点胖，一周只能吃一次。好不容易今天吃红烧肉，我就想吃个够。青菜我平时也吃，你都看不到吗？今天我不想吃菠菜，你就不允许我吃红烧肉，你一点都不爱我。

（从孩子的视角看，他平常也吃蔬菜，只是机会难得，多吃了点红烧肉。）

🔄 读懂孩子，翻转剧情。那我们再来一次吧！

情景再现

星期六上午，妈妈做了一顿美味的午餐。童童大声告诉妈妈："我想吃红烧肉。"快到午餐时间了，童童闻着红烧肉飘来的香味，往厨房跑了好几趟。午餐上桌了，童童第一个拿起筷子就夹起了他最爱吃的红烧肉，一连吃了七八口。妈妈一看这架势，再不制止，孩子吃完后肯定会肚子不舒服。但考虑到孩子一周只能吃一次红烧肉，就笑着说："哇，看来今天妈妈做的红烧肉很好吃啊，童童都吃了这么多，妈妈想吃都夹不上了！"

童童抬头一看，盘子里的红烧肉已经被自己吃去了大半，妈妈一口也没吃。想到妈妈辛辛苦苦做的美味红烧肉，自己却吃不到，他非常不好意思，赶紧给妈妈碗里夹了两块红烧肉，说："妈妈，你也吃，真的很好吃！"说着又去夹红烧肉。妈妈看见后接着说："妈妈也觉得红烧肉好吃，但是吃多了肚子会不舒服，你可以吃一吃青菜，均衡一下。"童童说："我每周只能吃一次红烧肉，其他时间再吃青菜吧！"妈妈知道了原因，心想：一周吃一次，一次吃这么多，还不如分几次，每次少吃一点呢！于是说："不用担心，妈妈答应你每周可以吃三次红烧肉，今天就少吃一些，不然真的会肚子不舒服的。"童童一听，非常开心，连忙问妈妈："真的吗？真的吗？"得到妈妈肯定的答案后，他就吃起了青菜，妈妈见他吃得开心，想奖励他再吃一块红烧肉时，童童说："妈妈，剩下的你吃吧，很好吃！"妈妈连忙夸赞童童是个孝顺的孩子。周末一顿美味的午餐就这样在欢快的气氛中结束了。

结局翻转

童童吃到了自己爱吃的红烧肉，也听妈妈的话，吃了青菜，做到了均衡饮食。

家长反思

反思一

通过怎样的方式让孩子认识到健康饮食的重要性，并养成良好的健康饮食习惯？（问题要更具体，需要和案例中的饮食安排有关。）

反思二

　　家庭教育中，良好的沟通是管教的关键。如何进行良好沟通，从而促进孩子健康饮食，健康成长呢？（需要修改，问题要紧扣饮食的主题。）

养育秘籍

　　均衡饮食是什么（概念/定义）？

　　均衡饮食就是在日常饮食中，以荤素搭配等方式，满足人体对各种营养的正常需求。这样我们的身体才能更健康，也不会因为某种营养缺失而生病。

　　饮食均衡对健康的重要作用？

　　（1）人体的健康需要多种营养来维持。

　　（2）每一种食物都能够提供给身体不一样的营养。

　　（3）当饮食均衡时，孩子就会营养均衡，身体健康。

　　帮助孩子纠正偏食的习惯，做到均衡饮食？

　　（1）家长应允许孩子有饮食偏好，理解孩子的偏好。俗话说萝卜青菜各有所爱，大人同样有自己爱吃的菜，自己不爱吃的菜。因此，孩子有自己的饮食偏好是非常正常的。只有建立这种观念，才能站在孩子的角度，引导孩子在日常生活中做到均衡饮食。

　　（2）引导孩子均衡饮食要注意把握度。在建立人的饮食都存在一定的偏好观念的基础上，什么样的偏好应该引导是需要家长注意把握的度。对于孩子过度单一的饮食，需要引导。例如，孩子就爱吃肉，其他青菜一点不吃，这就需要家长干涉进行引导。如果孩子每样都吃，仅仅是爱吃的菜多吃了一些，家长其实无须焦虑，顺其自然就好。

　　（3）引导孩子均衡饮食，应有技巧。在引导孩子均衡饮食时，要避免讲道理，命令式引导。孩子长大后自我意识增强，对家长的命令有一定的反感。引导孩子均衡饮食时，要避免冲突，迂回目标，我们可以采取更温和的语言和手段达到目标。引导孩子均衡饮食时，要学会换位思考，能够站在孩子的角度思考问题，找到冲突的关键点，解决它。

亲子时光

活动主题

挑战"不爱吃"的菜。

活动步骤

每个孩子都有自己的饮食偏好，有些孩子不喜欢某一样食物，不是因为吃了后会难受，而是主观地认为它卖相不好，肯定不好吃，因此倔强地不做任何尝试。鉴于此情况，家长和孩子可以通过以下亲子游戏，带领孩子尝试他们不喜欢的食物，也许尝试之后，他觉得非常好吃。

第一步，每个人写出自己不爱吃的几样菜。每天由孩子挑出每个人不喜欢吃的一样菜，作为家庭日常菜肴。

第二步，吃饭时，每个家庭成员需要极力向家人推荐自己不爱吃的菜。如果自己不爱吃的菜，今天能够空盘，就会得一分。（这个过程中，孩子为了让别人爱吃自己不爱吃的菜，可能亲自示范，可能搜寻资料，了解这道菜的对身体的好处，减少了心理上对菜的抵触，也做了有效的尝试。）

第三步，每周最后一天，对家庭成员的得分进行统计。得分最高的人，可以要求其他人做一件事情。（能力范围之内，例如，帮忙做一份家务活。）

这样长此以往，对孩子的偏食有一定的纠正作用，也活跃了家庭气氛。

第五节　　容错教育，助力自我激励

情景剧场

情景初现

放学后，爸爸去接儿子亮亮回家。等了十几分钟，亮亮才从校门口冒出他的小脑袋。爸爸一看傻眼了——亮亮头发凌乱，衣服也脏兮兮的，一看这样子，肯定是和人打架了呀！爸爸急忙走上前去，拉住儿子问："这么久？发生什么事情了？你这个样子是不是和别人打架啦？"

情景剧视频

亮亮胆怯地看了看爸爸，说："是，我刚才把同学小刚打哭了，还把他眼镜也打碎了，他说让我赔。"

"你为啥下手这么重啊，还把人家眼镜给打烂了？"爸爸很生气。

"我没想打他，是他先说我的。"亮亮急了，"他说我考试偷看别人的答案，我没偷看！"

"你没偷看你急什么呀？说你就说你，说说又能怎样呢？"爸爸感到好笑又好气，"再怎么样你也不能动手打人啊！说人不犯法，打人才犯法！何况你又没偷看，嘴巴长在别人身上，他爱说什么，你还能捂住别人的嘴巴不说话吗？"

"可是他冤枉我偷看！"亮亮一脸的倔劲上来了。

"你这孩子怎么讲不通呢？总之，打人就是不对，做错事情还不承认？"爸爸也急眼了，"现在惹祸了，还得让爸爸帮你赔眼镜给别人！"

亮亮仍是一脸的不服。

（从家长的视角看，爸爸觉得孩子打了人，犯了错，又脾气倔强，不听劝。）

（从孩子的视角看，他认为爸爸没问清楚情况，就批评他，感到非常委屈，不服气，因为是小刚先冤枉他考试偷看，否则，他也不会动手打人。）

🔄 读懂孩子，翻转剧情。那我们再来一次吧！

情景再现

放学后，爸爸去接儿子亮亮回家。等了十几分钟，亮亮才从校门口冒出他的小脑袋。爸爸一看傻眼了——亮亮头发凌乱，衣服也脏兮兮的，一看这样子，肯定是和人打架了呀！爸爸急忙走上前去，拉住儿子问："你这个样子发生什么事情啦？"

亮亮胆怯地看了看爸爸，说："是，我刚才把同学小刚打哭了，还把他眼镜也打碎了，他说让我赔。"

"哦？发生什么事情啦？你们为什么会打架？"爸爸问。（和孩子确认事实。）

"我没想打他，是他先说我的。"亮亮急了，"他说我考试偷看别人的答案，但我没偷看！"

"嗯，"爸爸蹲下身子，问，"你们有没有受伤？"

"我没事，但小刚还在楼梯下哭！"

"你说小刚冤枉你，那你有没有好好地跟他解释一下？"（引导孩子找到错误的原因。）

"我没有，他说我最后一题和同桌班长的一样，就是偷看。那是我自己思考得出的答案。"

"好，爸爸相信你。但你还得跟小刚解释一下，你可以告诉小刚你的解题思路，小刚一定会相信你的。"爸爸继续引导，"你换位思考一下，假如你是小刚，被人打到眼镜都坏了，你是不是也会很难过？"（给孩子提供一些方法的指导，并引导孩子进行换位思考，达到共情。）

"那我该怎么办？"亮亮有些心虚。

"假如你现在想跟他道歉的话，"爸爸说，"爸爸可以陪你一起去，好不好？"（引导孩子认识到自己的错误，并且正确处理。）

……

于是父子俩找到楼梯下还在哭的小刚，亮亮向他道歉，并且帮他擦干眼泪，保证会赔他一副眼镜，还仔细解释了考试那道题的解题思路，得到了小刚的谅解。

回家后，妈妈和爸爸对今天亮亮发生的事情进行沟通，并引导亮亮将今天发生的事情记录在如下表所示的成长日志里。

亮亮成长日志（2022 年 3 月 4 日）

事　项	亮亮的反思	爸妈教育	改　正　方　法
被同学误解后，打了同学	没有及时化解误解，而且太冲动，打了人	（1）犯错了要及时改正；（2）知错能改是成长的必经阶段	（1）将这件事情记录下来，提醒自己不要犯同样的错误；（2）向小刚道歉，并且主动承担后果；（3）懂得知错能改才能不断进步，得到成长

最后，妈妈说："犯了错误不可怕，也不可耻。最重要的是能从错误中汲取教训，得到成长的机会。"（让孩子在错误的反思中，认识到错误，并找到原因，得出改正错误的方法。最后对孩子进行情绪疏导，培养乐观向上的品质。）

结局翻转

晚上，亮亮专心地写好这件事情的过程，妈妈也在后面加上了一句话：儿子，记住，只有知错能改，这个错误才有价值，你才能得到成长。

家长反思

反思一

情景再现中，亮亮爸爸的做法有什么不同？效果如何呢？你受到什么启发？

_____

_____

反思二

假如你家的孩子因为做事拖拉，导致作业不能及时完成，你是如何看待的？又是怎样引导的？

_____

_____

养育秘籍

什么是"容错教育"？

《容错教育研究》将容错教育定义为：围绕问题传递试错实践或活动，并将其视为教育的母概念，其核心是分享错误或自我批评。简而言之，就是容许孩子犯错，但是要在教育过程中善于分享错误及进行自我反思，使孩子的每一次错误，都能成为孩子成长的机会。

为什么"容错教育能够助力自我激励"？

因为没有人不犯错，我们不能因为害怕犯错而不去尝试，因噎废食。如果一个人连犯错误的勇气都没有，自然就难以得到成长。而面对正在成长、需要教育和引导的孩子，更要尊重他们犯错的权利，并宽容地给予他们改正错误的机会，让他们在这个过程中得到成长，助力自我激励。

如何让孩子"在错误中成长"？

（1）要善于和孩子沟通。一是沟通之前先要"共情"，让孩子感受到你对他的理解和体贴，这样才能让孩子接纳并信任父母的教育；二是要明确沟通目的，注意说话的语气、态度和面部表情，调整好自己的情绪。

（2）要帮助孩子找到错误的原因。孩子犯了错，他也希望得到父母的理解和指导。如果父母一味指责，不仅会加剧孩子的负面情绪，还会让他感到害怕和产生对父母的抱怨。所以作为父母，耐心理解地帮助孩子找到错误的原因，孩子才能有改正错误的可能。

（3）要引导孩子找到改正错误的方法。知道错误的原因后，还要引导孩子找到改正的方法，只有这样，这个犯错误的机会才没有错过，犯得"有价值""有意义"，才能促进孩子成长。

（4）要进行犯错误后的情绪疏导，培养乐观的生活态度。针对孩子的错误进行正确引导之后，还要进行心理疏导，让孩子懂得：犯错误并不可怕，每一个人都会犯错。关键是在错误中，如何使自己得到长进。要用阳光乐观的心态，接纳每一次错误，改正每一次错误，使自己变得越来越优秀。而不是因为犯错而背上沉重的心理负担，甚至导致不良的心理情绪滋生。

（5）要培养孩子在错误中不断自主成长。和孩子一起，将错误的过程进行梳理、小结，得出如下图的解决路径，引导孩子在以后的人生中，建立健全完整的反思错误的思维模式，从而得到自主成长。

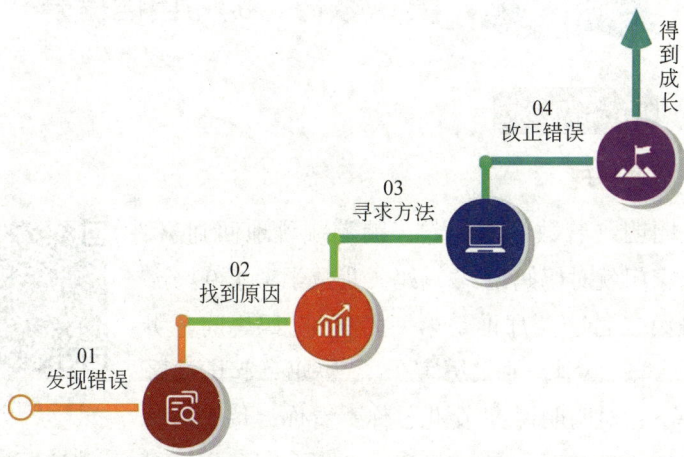

得到成长

04 改正错误

03 寻求方法

02 找到原因

01 发现错误

23

🎈 亲子时光

活动主题

做一份成长日志。

活动步骤

（1）和孩子一起就某个犯错的过程进行讨论，家长适当引导，尊重孩子的表达。

（2）将讨论的语言进行简单概括梳理，让孩子填写下面的表格。

事项	我的反思	爸妈教育	改正方法

成长日志（_____年____月____日）

第六节 赏识教育，助力自信提升

📯 情景剧场

情景初现

明明拿着数学测验卷，蹦蹦跳跳地回到家，一进家门就对妈妈说："妈妈，我数学考了99分，全班第二名！""那谁是第一名啊？"妈妈问。明明说："是小刚，他太厉害了。"妈妈拿起试卷看了一下，对明明说："女儿，你看看你，每次妈妈都跟你说考完试一定要检查，又漏了一题，你看！不漏这题，你

情景剧视频

都可以拿满分了，哎呀，太可惜了！人家小刚就不会这么粗心！"明明失望地说："是啊，太可惜了，可是我尽力了。"孩子仿佛被泼了一盆冷水，感觉高兴不起来了。

（从家长的视角看，孩子粗心大意漏做题，没有得到满分，要让她吸取教训。明明虽然有进步，但是不能夸奖，要让她看到自己的错误。）

孩子内心独白：妈妈，这次数学测验很难，全班没多少人得95分以上，我把附加题也做出来了。可是你什么都没有看到，只盯着我错的那一分，好像无论我怎么努力，都不能让你满意。

（从孩子的视角看，孩子考了99分，比上一次有进步，把附加题也做出来了，证明自己已经是尽力完成，希望得到妈妈的肯定和鼓励，但是妈妈一直没有看到。）

🔄　**读懂孩子，翻转剧情。那我们再来一次吧！**

情景再现

明明拿着数学测验卷，蹦蹦跳跳地回到家里，一进家门就对妈妈说："妈妈，我数学考了99分，全班第二名！"明明满脸写着高兴，期待着妈妈的鼓励。妈妈拿起试卷看了一下，对明明说："真厉害，我的宝贝，比上次有进步了。妈妈知道你为了这次考试做了很久的准备，这是你应得的。"（鼓励孩子，虽然妈妈看到了孩子的错题，但也意识到他为考试准备了很久，此刻非常需要妈妈的鼓励和肯定。）明明高兴地蹦起来，说："妈妈，妈妈，还有！你知道吗！这次数学测验很难，全班得95分以上的只有5个人，我连附加题也做出来了！"妈妈说："哇，我们明明真厉害，你是怎么做到的？快跟妈妈说说！"（肯定孩子的努力，用启发式提问让明明思考进步的原因。）明明说："我这次测验先把会的题目做了，不会的先跳过，最后再想难题，没有钻牛角尖了。可是我漏了一题，所以被扣了 1 分，太可惜了，要是没有漏题，我就和小刚一样得第一名了。"妈妈拉着明明的手说：<u>"是啊，确实很可惜，差 1 分就满分了，但我很欣赏你，你现在已经学会自己反思原因了。其实不论你是第几名，妈妈都是很爱你的。"</u>（共情孩子的失落感，欣赏孩子的优点，表达爱。）明明抱着妈妈说："我知道了，谢谢妈妈。""那下一次知道怎么做了吗？"（启发孩子继续思考，把学习的自主权交给孩子。）妈妈柔声问道。明明说："我会仔细检查，不放过一个空格。"妈妈笑着说：<u>"我相信你可以一定做到的。"</u>（相信孩子，给孩子赋能。）

结局翻转

明明拿着试卷高高兴兴地走回了房间，开始把错题摘抄在错题本上，并写上反思。

家长反思

反思一

情景再现中，妈妈做了什么事情化解了孩子失落的情绪呢？

_____

_____

反思二

你觉得今后可以怎么鼓励孩子呢？请尝试写出一件具体的事例。

_____

_____

养育秘籍

什么是赏识教育？

中国陶行知研究会（南京）赏识教育研究所所长周弘提出的

"赏识教育"认为好孩子是"夸"出来的，他运用自己创立的赏识教育将自己又聋又哑的孩子培养成留美博士，改变了孩子的命运，并成功地将个案推而广之，培养出了一批早慧儿童。他认为：哪怕天下所有的人都看不起你的孩子，做父母的也应该欣赏他、拥抱他、赞美他，为他而自豪，这才是孩子成材的根本。赏识可以带给孩子价值感，带给孩子尊重、认可和向上的力量。

赏识教育的基本理念是：没有种不好的庄稼，只有不会种庄稼的农民。农民日夜思考的是庄稼需要什么，怎样满足庄稼的需要？家长为教育孩子彻夜难眠，有没有思考孩子心灵深处的需求？遗憾的是，不少家长从来不愿意当着孩子的面，赞美和夸奖孩子，生怕产生副作用，滋生出骄傲自满的情绪。为了让孩子成为完美的人，家长便经常不断地在孩子身上挑缺点，找毛病。家长们认为优点不说不会出什么问题，缺点不指出就是对孩子不负责任。

因此，许多家庭教育语言中，挑剔比鼓励要高好多倍。家长几乎不停地去发现孩子身上的缺点进行教育，认为只有不断地强调缺点，才能使孩子获得帮助。孩子做得好时，却认为这是应该的。其实孩子渴望家长的鼓励，则如同小苗盼望雨露一样，给点滋润就灿烂。

赏识的原则有哪些？

（1）赏识有度。家长在欣赏孩子的时候，尽可能正确客观地认识孩子，了解孩子身心需要，分析孩子的心理状态，做到赏识有"度"。每个家庭的环境和孩子的个性都不相同，相应的教育方法也不同。若赏识不够，训斥、指责只会伤害孩子的自尊，使之产生自卑心理，或出现攻击行为进而破罐子破摔。反之，过度赏识，又将导致孩子自满自傲、任性及难以客观正确评价自我，稍遇坎坷便一蹶不振。因此，赏识教育不可滥用，要具体事情具体分析，灵活运用，才能真正发挥激励作用。

（2）全面而积极的评价。对于孩子而言，成功的评价标准也是多方面的。孩子在生活与学习中，无论做人方面、学习方面还是生活方面，有了好的表现都要进行鼓励。夸奖要有针对性，而不是笼统、空泛地说"好"，要讲清楚好在什么地方。

（3）赏识指向素质和努力。赏识应该着眼于孩子的素质和努力，着眼于今后的发展，否则，可能会产生错误的导向。经常被称赞为聪明的孩子，往往把分数看成自己的聪明所得，把分数高低看得比什么都重要，遇到挫折就容易灰心，不敢接受新的挑战。而那些被夸奖为努力的孩子，则更愿意大胆尝试，会尽自己最大努力把事情做好。

若想激励孩子在学习上取得更好的成绩，最好的办法不是赞扬他们聪明，而是鼓励他们刻苦学习。当孩子在学习或其他方面取得优异成绩时，把关注点集中在孩子的后天努力上。父母可以这样赏识和赞扬他，"你是个努力的孩子！""成绩真不错，这都是你努力学习的结果！"即要赏识的是孩子的努力而不是聪明，因为聪明与漂亮是先天的优势，不是值得炫耀的资本和技能，但努力是后天的行动，应该予以肯定。[1]

（4）赏识与批评相结合。提倡赏识的同时，不应当忽视批评在教育中的积极作用。家庭教育中在运用赏识教育的同时，批评也必不可少，但要注意以下三点。

第一，批评要实事求是。注意批评的原则是"对事不对人"，在对孩子批评时，应明确告知，"你这件事做得不对"或"我不喜欢你那样做"。不要对孩子说"你就是这样的，死不改悔""你是个坏孩子""你从来不听话"。这样容易导致孩子把受到批评归结为自身的原因，而不是做错事的原因。

第二，批评要注意场合。当众指责孩子，会极大损害孩子

[1] 刘晓红．家庭教育中的儿童赏识教育探讨 [D]．南昌：江西师范大学，2008.

的自尊心。批评尽量针对孩子的某一行为，而不应伤害孩子的人格。

第三，批评应采取合适的方式，避免不必要的生理和心理创伤。

（5）赏识教育与挫折教育相结合。提倡赏识教育不等于放弃挫折教育。孩子应该在各种环境下都能茁壮成长。因此，我们在赏识孩子身上优点的同时，放手让孩子自己去面对挫折，启发孩子从挫折中寻找资源，进行自我调整，这即是挫折教育。赏识的同时要让孩子尝到失败的滋味，培养他们对抗逆境的勇气。

正面管教经典的鼓励八句话是什么？

（1）你付出了努力，你应该得到它。

（2）你一定会为自己骄傲。

（3）你对此感觉如何？

（4）你自己找到了解决问题的方法。

（5）我相信你的判断。

（6）你能决定出什么对你来说是最好的。

（7）我相信你可以从错误中吸取教训。

（8）不管怎样，我都爱你。[1]

亲子时光

活动主题

设立"记功本"。

活动步骤

（1）为孩子准备一个小本子，封面请孩子写上名字，放在家里显眼的位置。

---

[1]《正面管教》第七章　简·尼尔森"有效地运用鼓励"。

（2）写上日期，每天花点时间记录孩子的进步之处，让孩子共同参与，注意记"功"不记"过"，可以多记录除学习之外的部分，给孩子积极的自我暗示。

第七节　不打不骂，助力逆境抗压

情景剧场

情景初现

晚饭后，亮亮在房间里写作业，一会儿上卫生间，一会儿去冰箱找饮料喝。妈妈提醒了亮亮很多次，叫他快点完成作业，但是亮亮根本没听进去。半个多小时过去了，他还没有写完两行生字。这时，妈妈忍无可忍了，走进房间，对亮亮大吼道："这半个多小时你在做什么？为什么每天都这样？你看看隔壁家的小东，早就写完作业，在楼下玩了。你为什么做作业这么拖拉？你是蠢猪吗？"

情景剧视频

亮亮听了妈妈的话，怒气冲冲道："那就让小东做你的儿子吧。作业是我的，我喜欢怎么做就怎么做，不用你管！"这时妈妈更生气了，爸爸也被这吵闹声气晕了，拿起衣架径直走进房间，对着亮亮的屁股狠狠地打了几下说："你这个败家子，让你好好读书，你不好好读书。只见有老师批评，没见有老师表扬，你有什么用啊？白养你这么大了！"爸爸气得像一头疯牛似的边打边骂，亮亮也委屈得在房间里号啕大哭。整个家顿时一片硝烟弥漫，气氛凝重。

家长内心独白：儿子啊，认真完成作业是每个小学生应该做到，也能够做到的事！你的智商又不低，可就是成绩差，全是因为每天太贪玩，做作业非常不认真。

（从家长的视角看，爸爸妈妈希望亮亮集中注意力，认真写作业。）

孩子内心独白：爸爸妈妈，我也想快一点完成作业啊，可我今天在学校学的知识有很多没有弄懂，我又不敢问你们，怕你们骂我，所以我就磨磨蹭蹭做作业，你们谁又能理解我的学习压力？我也很苦啊，你们对我不是打就是骂，你们懂我吗？

（从孩子的视角看，亮亮也想快点完成作业，可是他有巨大的学习压力，父母没有觉察到。）

🔄 读懂孩子，翻转剧情。那我们再来一次吧！

情景再现

晚饭后，亮亮在房间里写作业，一会儿去卫生间，一会儿去冰箱找饮料喝。妈妈把这一切都看在眼里，她脚步轻轻地走进房间，蹲下身子，耐心且温和地说："儿子，你是不是遇到了难题？告诉妈妈，我来给你讲解讲解。"（孩子不认真写作业是不对的，但妈妈能及时关注到孩子的情绪，还能及时进行自我心理暗示，不能因为孩子犯错就让自己也犯错。）亮亮看了看妈妈，低下头小声地说："是的，妈妈，这个生字组词的作业，我不会做，很多字我都不认识。"接着，妈妈搂着亮亮的肩膀又问："为什么今天上课的时候没有听老师讲解呢？"（妈妈用肢体接触感知孩子的情绪，并引导孩子找出不听课的原因。）亮亮说："因为上课时我最喜欢的那只蓝色笔坏了，整节课我都在修笔。"妈妈说："哦，原来是这样，我们家亮亮对自己的个人物品很爱护，真是个好孩子！那你的笔修好了吗？"亮亮回答："还没呢，我可伤心了，刚才我还在修理，所以没心思做作业。""哦，妈妈明白了，那我们现在请爸爸来帮忙修理一下这支笔，好吗？"（妈妈继续引导孩子找到解决问题的方法。）亮亮的脸上露出开心的笑容，高高兴兴地拿着笔，跟妈妈一起到客厅找爸爸修理了。爸爸知道了整件事的来龙去脉后，耐心地对亮亮说："如果以后你的任何文具坏了，放学回家来找老爸，我很愿意想办法帮你修好。但是学校上课课堂只有 40 分钟，如果错过了老师讲课，就会错过很多知识，这损失可大喽！"（虽然爸爸很生气，但爸爸知道如果冲孩子发脾气并不能让他更快地完成作业，只是让大人一时痛快释放了情绪而已。如果对孩子大吼大叫，就会把小事变成大事。如果孩子开始哭闹反抗，局面可能会更糟糕。）爸爸两三下子就把笔修好了，亮亮开心极了，拿起笔继续埋头写起作业。

结局翻转

　　晚上，亮亮在妈妈的帮助下，认真地完成了作业。临睡前，爸爸还亲手做了一个书签送给亮亮，上面写着：孩子虽然你今天没有做好，但这只是暂时的，通过努力，爸爸妈妈相信你一定能够达成目标。

家长反思

反思一

情景再现中，亮亮妈妈的做法有什么不同？效果如何呢？你的启发是什么？

_____

_____

反思二

你能觉察到你家孩子的压力吗？你是如何看待的？又是怎样引导的？

_____

_____

养育秘籍

为什么打骂孩子无效？

父母批评指责的话语，不仅无法有效地解决问题，反而会让孩子的心灵受到重创。一项调查显示，40% 以上的青少年罪犯都曾受过父母语言上的伤害。所以当孩子做错事时，家长不要急于批评，静下心来和孩子面对面谈一谈，先安抚孩子的情绪，弄清前因后果，耐心引导。批评孩子的错误行为就够了，千万不要上升到人格，只有这样才能让孩子知道，即使自己做错事，也仍然是被爱的。同时，还能让孩子知道人是可以犯错的，重要的是从错误中吸取教训，提升自己，不必一直为这些错误感到羞耻，甚至自我怀疑与否定。

怎样引导孩子与压力相处？

（1）有条理地向孩子交代事情，会增强孩子的自信心和自尊心。

80%以上家长都有唠叨的通病，这几乎是100%的孩子反感父母的一个原因。久而久之孩子会对父母产生厌恶甚至逆反的心理，专门和父母对着干，故意把事情搞得更糟糕，所以父母要时时提醒自己不要唠叨。

（2）尊重孩子的特点和需要，不要以自己的期望要求孩子。

父母对孩子的要求过高，会使孩子经常得不到接纳和肯定，以至于无法形成客观良好的自我认同感，也无法建立起必要的自信心，失去内心的快乐。所以从孩子出生的那一刻起，家长就要接受孩子的一切，包括他的身体情感、行为智力、创造力等，不管是优点或是缺点，甚至是缺陷以及孩子犯下的错误，都要接受，避免对孩子要求过高。

（3）给孩子提供适当参与劳动的机会，培养和训练孩子自我服务的能力。

在日常生活中，家长事无巨细对孩子包办一切，不仅会使孩子失去应有的创造力，其个性和人格的发展也得不到完善，这样的孩子生活自理能力得不到提高，独立意识也得不到增强。家长要学会做一半留一半，避免对孩子包办一切。

（4）全然接纳自己和孩子的情绪，化压力为动力。

无论是父母还是孩子，出现消极负面的情绪并不可怕，可怕的是不了解自己和孩子的情绪，完全让自己和孩子被情绪控制，这是很危险的。所以面对孩子的一些令人抓狂的行为，不妨全然接受自己和孩子当下的状态和情绪，因为这些本来就是人的正常情绪反应。

亲子时光

活动主题

你来比画我来猜，制作自我管理小日历。

活动步骤

（1）父母与孩子一起做一份情绪日历，上面写出各种情绪词语，如生气、愤怒、开心等，然后请父母其中一人当裁判，让孩子比画情绪日历上的情绪，大人来猜。再角色互换来猜。（可自行设定奖励或惩罚方式。）

（2）借助上面制作的个性情绪日历的同时，家长再买一个小奖章，从现在开始，用这个当月日历引导孩子自我管理。每当孩子写作业时，先引导孩子用定时器设置一个时间，如果孩子在规定的时间内完成作业，就让孩子在当天的情绪日历里盖一个奖章，证明自己当天顺利地完成了任务。如果没在规定的时间内完成作业就不要盖章。到月底进行总结，如果孩子的印章数达到一定的标准，就给予孩子相应的物质或精神奖励，没有达到的话便给予相应的惩罚。

第八节　榜样引领，助力感恩共情

情景剧场

情景初现

一天放学，小花兴高采烈地回到家里，就看见妈妈正在厨房里忙碌，连忙跑过去问道："妈妈，我回来啦，你在做什么好吃的呀？"

妈妈应道："小花回来啦，妈妈准备了你和爸爸爱吃的点心哦。"

情景剧视频

"哇，好香啊。"

"今晚爸爸也会回来，我们把点心放到客厅吧。"

小花一听可高兴了："哎呀，太好了，我今天在学校还拿了舞

35

蹈比赛第一名。等爸爸回来，我要告诉他这个好消息。"妈妈听了也十分高兴，连连夸赞小花。

到了晚上，一家人在餐桌上吃饭。妈妈告诉爸爸这件好消息，小花更是眉飞色舞地说道："爸爸，你看我厉不厉害。"

爸爸一听连忙说："不愧是爸爸的好女儿，你真的太棒了。"

"爸爸，我表现这么好，那这周末是不是可以陪我出去玩？你上周就答应我了，可不能反悔。"

"这……"爸爸犹豫地说："爸爸明天还得忙，今晚也是抽空回来陪你的，明天可能陪不了你哦。"

小花一听十分难过，甚至没等爸爸说完，就气恼地脱口而出："哼，我再也不相信爸爸说的话了。"说着便气呼呼地将头扭向一边，爸爸也只好不再开口，默默地低头沉思。

（从家长的视角看，爸爸并不是不想陪伴孩子，但出于工作需要，而没有办法履行与孩子的约定，他很无奈，内心也十分自责。）

（从孩子的视角看，她只是想要爸爸多陪陪自己，况且爸爸是人民警察，更应该说话算话才是，但是爸爸却违反约定，她感到很生气。）

🔄 **读懂孩子，翻转剧情。那我们再来一次吧！**

情景再现

一天放学后，妈妈陪小花坐在客厅，母女俩聊起小花在学校的生活。（抽出时间陪伴孩子，表达对孩子的关心，进而让孩子乐意跟父母分享自己的学校生活。）

小花眉飞色舞地分享起来："妈妈，我今天在学校拿了舞蹈比赛第一名呢。等爸爸回来，我要告诉他这个好消息。"妈妈听了也十分高兴。

晚饭时间到了，小花想等爸爸一块吃饭，却迟迟不见他的身影。直到将近晚上 10 点，爸爸终于回家了。爸爸看到了奖状，也听妈妈说起孩子在学校的表现，连忙竖起大拇指对孩子说道："小花的奖状爸爸看到了，我们的小花真棒，爸爸以你为荣。"（孩子是渴望得到父母关注的，语言鼓励和肢体行为的赞扬都能让孩子感受来自家长的关爱和肯定。）

爸爸接着说道："爸爸不是故意这么晚回家的，只是下午局里来了一位求助的大伯，爸爸的工作就是解决老百姓的问题，所以今晚才没有办法回来陪你吃饭。小花，你能原谅爸爸吗？"（把孩子当成独立的个体，在适当的时机向孩子透露心声，耐心地引导，让孩子明白爸爸的工作性质，拉近亲子之间的距离。）

听了爸爸的话，小花立马懂事地说，"我知道爸爸是一名厉害的警察，在外面要尽自己所能帮助有困难的人。我作为爸爸的女儿，不能给咱们家拖后腿，爸爸，我原谅你啦。"

听了小花的话，爸爸欣慰地笑了，紧跟着说道："是的是的，我们家小花最贴心了。"

在一旁的妈妈应和道："是呢，爸爸为社会贡献力量，是我们学习的榜样。但是爸爸也十分疼爱我们的小花呢，刚刚还说，为了奖励咱们小花，明天要带我们去海洋公园玩哦。"（妈妈恰当的引导，能进一步加深爸爸在孩子心中榜样的力量，同时缓和父女之间的关系。）

小花听到妈妈的话，惊喜地望向爸爸，得到爸爸肯定的眼神，内心十分触动地说："谢谢你，我的爸爸。"

结局翻转

爸爸欣慰女儿的懂事，孩子也体谅家长的不易，一家人在妈妈的提议下，开心地举杯庆贺。

家长反思

反思一

情景再现中，小花爸爸的做法有什么不同？效果如何呢？你的启发是什么？

_____

_____

反思二

孩子与家长产生矛盾时，你是如何看待的？又是怎样引导的？请写下来。

_____

_____

养育秘籍

为什么要重视榜样的力量？

榜样是指值得他人学习、模仿且具有高尚道德品行的人物。我们常说"近朱者赤，近墨者黑"，一个先进、典型的榜样会帮助引导孩子逐步树立正确的人生观、世界观和价值观。榜样的力量是无穷的，在其作用激励下，孩子能够汲取到积极的思想、优秀的品质和前进的动力，从而学习赶超，让自己成为更优秀的人。

如何发挥榜样的力量，让孩子学会感恩？

（1）塑造良好的家庭氛围。一个人的成长离不开家庭环境的熏染，其外貌特点取决于先天基因，而性格言行则来自后天的教育。家庭成员彼此之间互敬互爱、共同努力，为孩子的健康成长尽职尽责，营造出有爱、积极、健康的家庭环境，无疑会更有利于孩子身心健康的发展。

（2）以身作则，成为孩子的楷模。父母是大部分孩子幼年时期相处时间最多的人，在这样长期的相处和熏陶过程中，孩子就像父母的一面镜子，会从父母身上学到很多为人处世的行为和准则，这也会在一定程度上奠定孩子未来发展的方向。孩子从小就拥有模仿的天性，因此，父母如果想要给孩子更好的教育，首先要以身作则，注重在孩子面前的表现，给孩子树立良好的教育榜样，让他们在潜移默化中不断修正并完善自身行为。

（3）妙用"移情"，让孩子学会共情。教育孩子成为一个懂得感恩的人，应该让孩子懂得感受他人的情感，能设身处地地为他人着想。因此，在日常生活中可以采用移情的方式让孩子拥有一颗柔软的心，能够体察别人的情绪。

（4）巧用节日，把握感恩时机。每年的父亲节、母亲节、重阳节等节日都是对孩子实行感恩教育的最好时机，家长们可以借助节日这一契机，在长辈面前表示孝心，也可以让孩子在正确积极的榜样影响下，学会感恩，懂得感恩。

亲子时光

活动主题

定期开展亲子活动。

活动建议

（1）定期开展亲子阅读会。在陪伴孩子的时光中，一起感受英雄人物、先进人物的榜样故事。

（2）带孩子参加当地消防、公安等部队组织的社区活动，现场感受庄严职业的魅力，了解人民英雄的感人事迹，加深对榜样力量的印象。

（3）带孩子参加志愿者服务活动。通过身体力行，让孩子体会工作的艰辛，感受帮助他人，收获快乐的同时也学会感恩生活、感恩他人。

第九节　生命教育，助力身心和谐

情景剧场

情景初现

　　放学了，爸爸接欢欢回家。欢欢背着书包和爸爸走在回家的路上。他们要在这个十字路口左转。这时红灯亮了，而欢欢随即跟着几个人穿过了马路。爸爸还没来得及制止，欢欢已经冲到了马路对面。一会儿，左转的人行绿灯亮起，爸爸

情景剧视频

快速走到马路对面，生气地追上欢欢，一边走，一边当街大声地批评欢欢没有遵守交通规则，横穿马路很危险。欢欢听着爸爸的训斥，低头不语，闷闷不乐地跟在爸爸身后。

　　（从家长的视角看，爸爸认为欢欢不遵守交通规则，必须严加教育。）

　　孩子内心独白：爸爸，我也是跟着其他行人一起过马路，忽略了红绿灯，以后会注意，一定做到严格遵守交通规则。我知道自己错了，可你为什么不停地批评我呢？

　　（从孩子的视角看，他希望爸爸能够态度温和一点，而不是严厉到让他害怕。）

　　读懂孩子，翻转剧情。那我们再来一次吧！

情景再现

　　放学了，爸爸接欢欢回家。欢欢背着书包和爸爸走在回家的路上。很快走到了十字路口了，他们要在这个十字路口左转。这

时，前方的人行标志亮起了红灯，所有的车辆停下来等候。欢欢正欲跟在几个人后面过马路，爸爸拉起欢欢的手说："我们需要等绿色人行灯亮起才能通行。"欢欢不解地看着爸爸，爸爸指了指交通牌上的人行灯："看，那就是指挥我们行人通行的标志，我们要等人行灯变绿才能过马路，这样才能充分保证行人的安全。"欢欢不解为什么不可以跟着别人过马路。爸爸耐心地对他讲解，遵守交通规则人人有责。行人过马路要看到行人标志绿灯亮起才能通过。要从自身做起遵守交通规则，是对社会公共安全的负责，也是对自己人生安全负责。欢欢听了爸爸的讲解，像个小大人似的点了点头，开心地说："爸爸，你又教给了我很多知识，谢谢你。"

结局翻转

父子俩心情愉快地回家去了。

家长反思

反思一

孩子因意识淡薄而做的一些具有安全风险的错误行为，我们该如何进行正确的引导？

反思二

如何培养孩子的安全责任意识？

养育秘籍

什么是生命安全？

"安全"是指不受威胁，没有危险、危害、损失。那么"生命安全"就是指人的生命不受威胁，没有危险、危害、损失。即生命平安健康。

生命安全教育的意义？

（1）让孩子明白生命是无价的，生命不可以重来，让孩子明白生命来之不易，要把自己的生命当作最宝贵的财富来对待，细心呵护。

（2）进行安全教育，能够培养学生应对突发性事件、灾害性事件时的应急、应变能力，培养学生自我保护、安全防卫的能力，增强安全意识。它包括自然灾害的应对、意外伤害的避免与急救、公共安全、健康卫生、网络安全、心理健康等多项内容。

进行生命安全教育，可以加强学生对自我生命的认知、理解与关爱，通过对学生进行生存能力培养和自我安全意识的提升，使其对自身生命安全有一个完整的认识，并尊重他人的生命安全，切实做到保护自身和他人生命安全的过程。

家长如何履行孩子的安全教育和监护责任？

（1）牢固树立安全意识。家长要牢固树立"生命至上、安全第一"的理念，时刻绷紧安全意识这根弦，做好孩子的安全监管和安全教育。孩子外出时，家长要做到"知去向、知内容、知归时、知同伴"；孩子居家时，要注意防触电、防火、防网瘾等居家安全。要利用饭前饭后、临睡前、外出等时机，多给孩子讲解安全知识，帮助孩子增强安全意识。

（2）明确划定安全红线。家长要在安全方面给孩子立规矩，明确重点安全事项，加强疫情防控，注意交通安全、娱乐安全、心理安全，预防溺水事件等。如不准私自在不明水边玩耍追赶，不准闯红灯，不准在马路上追逐打闹，不准用湿手触摸电源开关和电器，不准浏览不健康网站等。坚决不触犯安全红线，让孩子远离危险。

（3）学会安全防范措施。家长要主动学习施救自救常识，教会孩子掌握必要的安全防范措施，在危险或者安全隐患发生时，孩子会自救和寻求帮助。如溺水时要立刻呼救，寻找大人帮助，并及时拨打110、119、120。

（4）陪伴假期平安生活。陪伴是最好的爱。家长在忙碌工作的同时，要妥善安置放假留守在家的孩子，帮助孩子制订科学合理的假期计划。要抽出时间，通过亲子阅读、亲子劳动、亲子健身、亲子研学等丰富多彩的方式陪伴孩子，给予孩子心灵上的呵护，用爱筑牢安全门。

亲子时光

活动主题

给孩子讲述英雄人物孟祥斌的故事。

活动过程

（1）讲述孟祥斌的英雄事迹。

（2）和孩子讨论英雄孟祥斌的死值不值得？通过和孩子讨论祥孟斌舍己救人的事迹，了解孩子对生命的态度和对生命价值的认识，并引导孩子去思考生命的价值。

（3）对孩子进行价值引导。让孩子从小懂得真、善、美，倡导"学习英雄，珍爱生命"风尚，以独特存在的方式为祖国和社会做贡献。

第 二 章

学习辅导篇

第一节　成长型思维，发掘内心力量

情景剧场

情景初现

7 岁的婷婷最近迷上了下象棋，一放学回家就要拉着妈妈陪她玩："妈妈，妈妈，我今天在学校又学了个新绝招，肯定可以把你打赢！"

"下棋下棋，就知道下棋！每次都说有绝招，每次都熬不过 10 分钟就输了！爱显摆，没耐心。"

情景剧视频

妈妈刚刚数落完上初三的姐姐娉娉——她这次考试语文成绩下降了，妈妈正在气头上。

"妈妈，求求你，就一盘，我一定让你在 10 分钟内缴械投降！"婷婷夸下海口。

"你说的哦，10 分钟，看你怎么赢我！"妈妈没办法，只好陪婷婷下了一盘棋。很遗憾，婷婷又没有熬过 10 分钟就输了棋，她的绝招被妈妈一眼识破。

婷婷气急败坏："坏妈妈，以后再也不跟你下棋了！"

妈妈没好气："那最好了，只想着下棋，一点儿书都不看！"

两母女不欢而散。

（从家长的视角看，婷婷一门心思学下棋，不去看书，而且学到一点技巧就爱显摆，没耐心。）

（从孩子的视角看她明明已经尽力去学下棋了，但还是赢不过妈妈，还总是被指责，她也很委屈，很难受，不想再学下棋了，也许妈妈只喜欢爱看书的孩子。）

🔄 读懂孩子，翻转剧情。那我们再来一次吧！

情景再现

7岁的婷婷最近迷上了下象棋，一放学回家就要拉着妈妈陪她玩："妈妈，妈妈，我今天在学校又学了个新绝招，肯定可以把你打赢！"

"哦？是吗？我女儿这么厉害，让妈妈看看我的宝贝女儿学会了什么绝招能够打败我。"妈妈笑着说。（让孩子感到妈妈对自己的关注和尊重，鼓励孩子迎接挑战。）她刚得知正在上初三的大女儿娉娉这次考试语文成绩又下降了，正想着如何引导她。看到小女儿这可爱的好胜心，妈妈灵机一动，把娉娉叫来观棋。

其间她下绝招想"吃"妈妈的一个炮，妈妈假意没看出来，按自己的计划逼向中庭。婷婷窃喜，妈妈的棋子一落，婷婷无暇顾及，迅速把炮吃掉，然后得意地笑了："妈妈，你看，我吃你的炮你也没看到。"

妈妈不动声色："将军！"

婷婷皱着眉头，疲于解套，最终输了。

妈妈说："你输在哪里？"（引导孩子从妈妈的成功中总结经验。）

婷婷说："我不应该只顾吃炮，而忽略将的危险处境。"

"你看，妈妈被吃掉的棋子其实比你还多，可是最后为什么能赢呢？"

"因为输赢不是取决于你保留了多少棋子，而是取决于你能否把对方的主帅逼上绝路。"婷婷说。

"还有呢？再想想，别着急。"妈妈把头转向娉娉，"你也可以说一说。"（引导孩子善于从生活小事中总结经验，养成成长型思维。）

"因为棋盘上的棋子并不是每一个都是用来吃将军的，有些是用来做铺垫，有些是用来做诱饵的。"娉娉说。

"是的，所以当对手吃了你的棋子，不要着急，因为……"妈妈充满期待地看着娉娉。（引导孩子善于发现问题，并学会思维迁移。）

"因为你心中已经有了目标，不要轻易打乱自己的计划。"娉娉补充。

"是的，你们讲得都很好。那么，娉娉，你面临中考冲刺，和刚才下棋的过程，你所思考到的收获，怎么联系起来呢？"

娉娉顿悟："这个关键时刻，如果总是疲于应付每一次的月考，拆东补西，而影响自己的复习进度，打乱复习计划，其实是得不偿失的。偶尔一次月考考差了，不应该一直失落而停止步伐，失利了就失利了。眼光要放长远，着眼于最终目标，不要因为一次小考打乱了自己的复习计划。"

"是的，成大事者不拘小利！否则你就会……"

"捡了芝麻丢了西瓜！"婷婷抢着说。

……

结局翻转

晚上，婷婷拿着一本象棋书仔细琢磨，娉娉也在房间里有条不紊、信心满满地继续复习功课。

家长反思

反思一

情景再现中，妈妈的做法有什么不同？效果如何呢？你的启发是什么？

_____

_____

反思二

在孩子成长过程中，你是如何引导孩子提高自信心的？

_____

_____

养育秘籍

什么是成长型思维？

它是一种以智力可塑为核心信念的系统的思维模式。简单来说，就是坚信智力、能力都是可以通过后天努力学习和练习不断提高的。

与成长型思维相对的是固定型思维，二者有什么区别呢？

固定型思维：相信我们出生时带有固定量的才智与能力。采取固定型思维的人倾向于回避挑战与失败，从而剥夺了自己过上富于体验、不断学习的生活模式的权利。

成长型思维：相信通过练习、坚持和努力，人类具有学习与成长的无限潜力。采取成长型思维的人能够沉着应对挑战，他们不怕犯错或难堪，而是专注于成长的过程。

成长型：认为熟能生巧

固定型：认为不会有结果

努力

成长型：迎接挑战

固定型：避免挑战

挑战

思维模式

成长型：坚持不懈

固定型：轻易放弃

困难

对他人批评

成长型：汲取经验

固定型：拒绝接受

对他人成功

成长型：从中学习

固定型：嫉妒他人

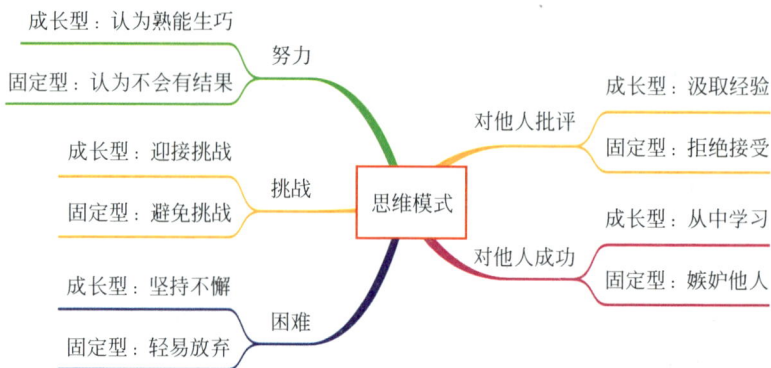

如何培养成长型思维，发掘内心力量?

（1）家长要学习成长型思维的理念，并且学会用成长型思维去看待孩子的言行。

（2）家长要善于管理好自己的情绪，在与孩子沟通之前自己要先厘清大致方向和步骤，注意讲话的方式方法，要站在孩子的角度及考虑孩子的思考习惯、交流喜好，这样才能和孩子有效进行沟通。

（3）家长要善于在日常生活的小事中，抓住契机，对孩子进行成长型思维的培养。比如以上故事中的妈妈，抓住跟小女儿下棋的机会，既授予了她下棋的基本策略原则，又借助下棋的思路，引导孩子在以后的人生过程中，学习新知识的思路和方法。同时，对大女儿的学习方向也进行了指导和调整。看似是生活小事，其实都成为妈妈指导孩子人生的智慧妙招。

（4）在培养孩子成长型思维的过程中，要善于梳理孩子的反思结果，并引导孩子养成在思考中记录的习惯，可以是几个关键词或关键句，形式不拘，旨在让孩子在自主思考中不断成长，从而学会用成长型思维去面对生活中的挫折，形成积极阳光、豁达开朗、充满自信的性格。

巧用赋能式沟通，帮助孩子增强信心。（参考句式）

第一步，帮助孩子找到对事情的可控感。

你做了什么？哪些行动是有用的？哪些会让它变得更糟？

第二步，帮助孩子梳理收获。

你从这件事情里学到了什么？

如果有人向你请教，有什么经验是你想要分享给他的？

第三步，哪些收获是以后用得上的？怎么用？

下次遇到这种事情，哪些方面你可以做得比现在更好？

亲子时光

活动主题

赋能式沟通练习。

活动步骤

（1）阅读沟通话题。周六，孩子因为上一次和同学打乒乓球输了，而不想再打乒乓球了。作为家长，请你尝试运用赋能式沟通句式和孩子进行讨论，给孩子赋能，增强信心。

（2）把讨论的主要对话记录下来。

_____

_____

第二节　激发兴趣，助力学习动力

情景剧场

情景初现

娉娉今年上三年级，性格乖巧，但唯一令家长头疼的事是：娉娉的学习成绩一直比较落后。据老师反映，娉娉在上课的时候经常走神，不仅给课本上的人物涂涂画画，而且不是美术课也拿

情景剧视频

49

出美术本来画画。

这天，娉娉的妈妈又接到老师在学校的反馈，说娉娉最近走神越发厉害，语数英三科成绩全部下降了。娉娉妈妈很生气，娉娉放学回家后，开心地拿着美术作品问妈妈："妈妈，你看我的画是不是很好看？"妈妈一见到娉娉就生气地问道："今天你上课又在课堂上画画是吗？"

娉娉非常害怕，低着头回答妈妈："妈妈……我没有。"

"没有……天天那么辛苦送你上学，你在学校不好好学习倒是天天画画！"妈妈很是生气。

妈妈一把拽过娉娉书包里的图画本撕掉，大声呵斥她："上课不好好学习，天天就知道画画。"

娉娉觉得十分委屈，站在原地默默流泪。

（从家长的视角看，在学校学习应该认认真真地听课，天天在学校"不务正业"，成绩肯定上不去，该认真学的不好好学，不该认真的却格外用功。）

（从孩子的视角看，爱画画有错吗？以后当个画家也是很棒的呀，为什么爸爸妈妈理所当然地排斥小朋友的兴趣爱好呢？）

🔄 **读懂孩子，翻转剧情。那我们再来一次吧！**

情景再现

娉娉今年上三年级，性格乖巧，但唯一令家长头疼的事是：娉娉学习成绩一直比较落后。据老师反映，娉娉在上课的时候经常走神，不仅给书本上的人物涂涂画画，而且不是美术课也拿出美术本来画画。

娉娉妈妈知道后，竟觉得小惊喜，觉得或许女儿在绘画方面有点小天赋，两夫妻商量后认为：无论如何都不能打击孩子的兴趣爱好。于是他们跟娉娉进行了深入的谈话。

这天娉娉放学，从门口进来："妈妈，我回来啦！"妈妈把她一把拥入怀里。随后娉娉回到房间写作业。妈妈进房间找娉娉聊天。

妈妈坐下问："娉娉，你在画画呢？"

娉娉："嗯！"

妈妈继续问："今天妈妈有个事情想和你商量一下，妈妈接到了老师的电话，老师和我沟通了你上课画画的问题，说你总是在课堂中画画。妈妈不是要批评你，知道你爱画画，妈妈想听听你的想法。"（父母细心询问孩子的想法。）

娉娉低下了头，支支吾吾地说："妈妈，我……"

娉娉妈妈摸了一下娉娉的头说："傻孩子，没关系的，就把自己的想法讲出来，这样妈妈才能更好地帮助你呀。"

"妈妈，每次上美术课我都很喜欢，很认真。当美术老师看到我的作品表扬我的时候我觉得很开心很自豪，越夸我就越有动力，我总想要做得更好，所以上其他课的时候我也忍不住想画画。"娉娉说。

妈妈语重心长地说："妈妈倒觉得娉娉慢慢长大了呢，有自己的想法和兴趣爱好了。要不妈妈给你在周末报个美术班，让你更加系统地学习画画，一来可以发展自己的兴趣爱好，二来通过老师的指导你能画得更好呢。"（不随意打击孩子的兴趣，尊重孩子。）

娉娉开心地回答："好呀，画画上我做得越来越好，希望学习上也可以齐头并进。"

51

如此一来，娉娉在学习上更加积极了，她在课堂上表现得越来越专注，成绩也慢慢得到了提升。每当她做作业累了，就会在草稿纸上随意勾勒出一幅简笔画或者卡通漫画，让自己放松。有一次，娉娉负责班级黑板报的设计，为班级赢得了全校"黑板报设计比赛"的第一名。

结局翻转

娉娉在爸爸妈妈的支持下，美术方面获得越来越多的奖项，通过画画她也获得了越来越多的掌声。她内心对学习的渴望越来越强烈，对学习也越来越有自信。

家长反思

反思一

娉娉故事的翻转，带给你什么样的启示？

_____

_____

_____

反思二

如何引导孩子发现自己的兴趣，更好地激发孩子学习的动力？

_____

_____

_____

养育秘籍

如何建立和谐的亲子关系？

从本质上来讲，学习是很辛苦的，人需要高度集中注意力，主动去思考，还得反复、持续练习，才有可能有收获。而如果能将辛苦的学习跟快乐的事情和温暖的人际关系长期绑定在一起，那么学习也将变成一件快乐的事情。这也是我们之所以强调学习的周边任务要快乐、积极向上的原因。在教育中，我们要引导孩子学会处理学习环境中的各种人际关系，尤其是亲子关系。这些都会极大地影响学习体验，最终影响孩子成长。

如何引导孩子的学习兴趣？

如果我们发现孩子对某一领域有浓厚的学习兴趣，我们能做的是不要让孩子陷入自己并不擅长的某门学科中而花费太多时间，而是引导孩子先从喜欢的领域入手，这也往往是他们最为擅长的领域，这也意味着他们在这个领域上容易获得成功。

家长必须要明白自己孩子的需求和兴趣，允许孩子选择与自己的能力和需求相匹配的学习任务，使孩子意识到学习任务直接或间接地与他的需求、兴趣和目标有联系。做到以上这些，家长对孩子的指导才是真正个性化的指导，让孩子能自主实现自己的目标，获得成功的体验。

怎样激发孩子的学习动力？

对孩子每一次的努力学习，都要给予积极、及时的反馈。这一点很多家长与教师都忽略了。我们不要只在每次考试后才给予反馈，而要让反馈常态化。原则上说，对于孩子的每一次努力，都要有积极、及时的反馈——他人的反馈是儿童和青少年在社会互动中慢慢形成"我是谁""我怎么样"等自我认知的重要因素。所以，作为父母不要吝啬自己的鼓励与表扬，要积极发现孩子学习过程中的闪光点，及时进行反馈，如此一来，孩子的学习动力会更充足。

亲子时光

活动主题

与孩子一起做一份成长记录卡。

53

活动建议

巧用激发式沟通，提高孩子的学习动力

第一步：帮助孩子确认目标	第二步：责任分配，和孩子共同合作	第三步：帮助孩子进行反馈和跟进
☆ 在这件事上，你希望达到什么样的目标？ ☆ 你有哪些优势／最大的挑战是什么？ ☆ 你打算花多少时间实现这个目标（承担多少代价／付出多少努力）？	☆ 你需要我做什么，来帮助你实现你的目标？ ☆ 任何时候你需要支持，请一定要让爸爸妈妈知道。 ☆ 爸爸妈妈现在提供的支持，是能帮助你的吗？是你想要的吗？	☆ 你在之前的尝试中获得了哪些经验？ ☆ 哪些是不太顺利的，可以怎么改进？ ☆ 你有哪些新的计划，当下打算做些什么？

第三节　科学指导，培养良好学习习惯

情景剧场

情景初现

芝芝今年上小学四年级了，学习成绩时好时坏。因为她有一个很大的问题就是不喜欢做作业。这天放学回家，芝芝一边放下书包一边念叨："作业，不想写。"于是便打开电视机看起了动画片。接近六点，爸爸下班回到家，一进门就看见

情景剧视频

芝芝正在看电视，顿时气不打一处来，对着孩子大声喊道："你这个孩子怎么这么不自觉，放学不着急完成作业，却坐在这里看电视。"

芝芝眼睛直直地盯着电视，头也不回地应道："爸爸，今天作业布置得少，看完动画片再写也不迟啊。"

爸爸听到芝芝的回答，更加生气了，直接拿过桌上的遥控器，把电视关了，并再次对孩子吼道："电视我已经关了，不许看，赶紧回房间写作业去。按照你这个速度，今天晚上能完成吗？整天就想着玩，想着看电视！"

芝芝看了看已经黑屏的电视，又瞄了瞄爸爸生气的脸庞，撇了撇嘴巴，不高兴地说道："看一会又怎么了。"便气呼呼地回房间去了。直到晚上9点，爸爸来催促她洗澡睡觉时，见到芝芝的作业本上仍然只写了寥寥几笔，作业根本没有完成，于是，新一轮的争吵又开始了。

（从家长的视角看，孩子已经上四年级了，应该懂得学习的重要性，可现实却是孩子这么不听话，一点都不让人省心，写作业都要一催再催的，特别令人头疼。）

（从孩子的视角看，上了一天学了，回家就想看会电视放松一下，爸爸为什么就是不能理解呢？而且总是粗暴地催她学习，冲她发火，从来都不关心她想要什么。）

> 🔄　读懂孩子，翻转剧情。那我们再来一次吧！

情景再现

芝芝今年上小学四年级了，这天放学回家，芝芝进门便喊道："爸爸，我回来啦。"心里还想着今天的作业不多，打算先休息一会再去写作业，便打开电视机看起了动画片。

爸爸闻声走过来，关心地问道："哎哟，我们芝芝今天怎么这么早放学了？"说着坐到女儿旁边，温和地询问："今天在学校过得怎么样？学习很累吧？"（见到放学归家的孩子，爸爸采用温柔平和的语气，循循善诱，表达对孩子的关心，让孩子能感受到爸爸对自己的关爱和重视。）

芝芝听到爸爸的询问，撒娇地说："对呀，爸爸，今天的课程好紧凑啊，我们学了很多新知识，一直在头脑风暴。"

"原来是这样，爸爸工作了一天也挺累的，要不我们一起看15分钟电视，不过15分钟后你得回房间认真把作业完成，爸爸晚上给你做最爱吃的可乐鸡翅，好不好？"（面对孩子的行为，爸爸没有强加制止或者催促，而是与孩子有商有量，设定规则，适当奖励，让孩子欣然接受。）

芝芝一听连忙答应道："哇，太好了，保证完成任务。"于是，父女俩相视一笑，便静静地看起了电视。

结局翻转

15分钟后，爸爸把电视关了，独自去厨房忙活，芝芝也如她所说的回到房间写作业，很快她就把当天的作业完成了。

家长反思

反思一

情景再现中，芝芝爸爸的做法有什么不同？效果如何呢？你的启发是什么？

_____

_____

_____

_____

反思二

你的孩子学习习惯如何呢？有哪些可以继续坚持？又有哪些是需要调整的？请写下来。

_____

_____

_____

_____

养育秘籍

孩子学习习惯不好是什么原因造成的？

在日常生活中，我们常见到有的孩子做事不是虎头蛇尾，就是半途而废。像这样做事不能有始有终的孩子往往心理比较脆弱，意志力较差，情绪不稳定，注意力也难以长时间集中，而这些表现也会反映在他们的学习生活中。当父母的教育方式出现问题，或者发现了孩子这一方面的意志力、行为习惯的欠缺而不加以纠正，会让孩子的表现恶性循环，导致孩子的学习习惯越来越差，最终变得自信心不足，甚至产生严重的自卑感，或对人、事都抱着一种消极的态度。

为什么要注重孩子学习习惯的培养？

学习习惯是孩子在一定的学习情景下自动去进行某些活动的特殊倾向，它包含专心、耐心、细心、意志力、控制力、专注力等多方面的能力。而良好学习习惯的养成无疑会让孩子在学习上达到事半功倍的效果，也对他今后的发展有重要的促进作用。

如果一个孩子能在年少时期养成良好的学习习惯，那么他便会自驱地追求知识、努力学习，并把它当作生活中一件重要的事情来对待。通过每天不断地积累和巩固，孩子的学习和生活状态也会达到质的飞跃。

如何帮助孩子养成良好的学习习惯？

（1）以身作则。为孩子做好表率，要求家长以身作则。身为家长必须时刻注意自己的言行，用自己的行为规范教育孩子。家长要求孩子相信的道理，自己首先应该相信；家长要求孩子做到的事情，自己首先应该做到；家长要求孩子不做的事情，自己也不应该做。如果家长偶尔疏忽做错了事，应当放下家长的面子，向孩子说明自己的错误并及时改正。

（2）营造环境。与孩子共同学习，由父母变成同学，可以选取自己感兴趣的内容与孩子一起学习。学习结束后，各自谈谈自己的收获和感受。这种"陪读"不是包办和监督的陪读，而是让父母用以身作则的方式鼓励孩子学习，同时也可以通过分享知识沟通亲情。

（3）激发兴趣。兴趣是孩子最好的老师。孩子良好学习习惯的养成离不开孩子对学习的兴趣，要想让孩子自觉学习，需要先让他体验到学习的快乐，产生学习兴趣。我们若强制孩子学习，只会招来反效果，应该从多方面引导孩子，多听取孩子的意见，激发孩子学习的兴趣，从而推动孩子自主养成良好学习习惯。

（4）自主管理。培养孩子的自控能力，不可以长期的催促和责骂，应该多进行鼓励和启发，注重精神层面的奖励，从而使孩子自主地提高学习效率。

（5）设立规矩。"没有规矩，不成方圆"，只有让孩子从小懂得规矩，长大后才能更好地适应社会发展，能更好地与人相处。孩子需要有底线有原则的父母，帮助他学习面对人生的未知。恰当地给孩子制定规矩，能更好地让孩子在规矩中自由成长。

亲子时光

活动主题

与孩子一同学习打卡。

活动建议

孩子良好的学习习惯不是天生的，而是在生活和学习中逐渐培养和发展而成的。为了引导孩子养成良好的学习习惯，我们不妨与孩子约定一场友好的学习打卡比赛，一起填写每周学习记录卡，在陪伴孩子学习的过程中，与孩子携手进步，共同成长。

每周学习记录卡

时　　间	学 习 内 容	学 习 时 长	学 习 评 价
星期一			
星期二			
星期三			
星期四			
星期五			
星期六			
星期日			

第四节　时间管理，改变拖延行为

情景剧场

情景初现

　　星期五晚上 7:30，小瑜刚吃完晚饭，妈妈就开始催他写作业了。

　　妈妈说："小瑜，快点去写作业，马上就要期末考试了，作业肯定多，今天又是周末，那就更多了，你还不快点写作业？"小瑜嘟着嘴说："明天不是星期六吗？非得今天晚上就写？""是，今天晚上就写，赶紧，别磨蹭！"妈妈一声令下，小瑜只好"乖乖"地进到房间写作业。

情景剧视频

　　可是，还没写上 10 分钟，小瑜就出来上厕所，上完厕所又说口渴要喝水。妈妈越看越急，不想再说他。1 小时都快过去了，妈妈走进房间想看看他写作业的进度，结果发现小瑜才写了一小部分的数学作业。妈妈忍不住又开始说："你看，时间都快 8 点半了，你才写了一小部分的数学作业，你写作业速度那么慢，还一会儿上厕所，一会儿喝水，还好意思说明天再开始写。我告诉你，你写不完，今天晚上就别睡觉！"小瑜听了生气地说："写就写。"

但小瑜依然我行我素，写作业的速度一点都没有加快。妈妈站在一边，非常无奈。

（从家长的视角看，妈妈希望孩子尽快写完作业，不要拖延。今日事，今日毕。）

（从孩子的视角看，她希望今晚休息，明天开始写作业。她认为自己已经上了一周的课，很累了。但妈妈没跟自己商量就安排自己写作业的时间，还用命令的语气，让她觉得心里很不舒服，所以潜意识用上厕所、喝水等行为来拖延，但妈妈仍然一直催就更烦了。）

> 🔄 **读懂孩子，翻转剧情。那我们再来一次吧！**

情景再现

星期五晚上 7:30，小瑜刚吃完晚饭，妈妈就跟小瑜商量，说："小瑜，明天周末你想不想跟小区的好朋友一起玩轮滑？"（妈妈角色换位，站在孩子的角度思考。）

小瑜听到可以跟小区的好朋友玩轮滑，就高兴地说："好呀，我都好久没跟我的好朋友一起玩轮滑啦。"

"可是，我看到班群里发了周末的作业，还挺多的，那怎么办？"妈妈发愁地说。（妈妈通过描述事实向孩子提问，启发孩子自主思考。）

"妈妈，你别担心，我可以现在开始写呀。"小瑜自信满满地对妈妈说。

"哇，小瑜，还是你有办法，想到现在就开始写作业。"妈妈佩服地对小瑜说。

"不过，我们十点就要睡觉。今天晚上只有一小时的写作业时间，你觉得这一小时应该怎样安排呢？"妈妈有点儿为难地跟小瑜商量。（妈妈继续通过描述事实向孩子提问，启发孩子自主思考。）

小瑜听了妈妈的问题，开始认真地思考，然后对妈妈说："妈妈，我想了一下，我发现数学作业其实不是特别多，一小时可以完成，那我就先写数学作业吧。妈妈，你觉得这样行吗？"小瑜看着妈妈，征询着妈妈的意见。

妈妈面带微笑地竖起大拇指，对小瑜说："孩子，你通过思考来安排时间，妈妈觉得你安排得棒！周末剩下的作业，妈妈相信你也能安排好的。"（妈妈鼓励和欣赏孩子，让孩子感受到自己被肯定。）

小瑜一听，非常开心地说："妈妈，我现在就去写作业。"说完小瑜就回到房间写作业。

结局翻转

晚上，小瑜真的完成了数学作业。

家长反思

反思一

在情景初现中，小瑜妈妈一心想让小瑜写作业，一直催，在情景中"催写作业"的方法有效吗？生活中，你有催孩子的情况吗，都有哪些？想一想，请试一试写下来。

反思二

在情景再现中，小瑜妈妈没有催写作业，但小瑜反而主动去，这是为什么？你从中有什么启发？想一想，请记录下来。

养育秘籍

导致孩子养成拖延行为的原因有哪些？

（1）缺少时间观念。

（2）大人不断催促。

（3）不愿让孩子接受拖拉的后果。

如何用科学的办法来面对孩子的拖延行为？

（1）培养孩子管理时间，善用小闹钟。学会善用闹钟，培养孩子拥有时间观念，同时也有利于孩子快速有效地完成作业或任务。

（2）规定时间内没有完成立即停止。有些孩子写作业拖延时间拖成习惯了，每天都要到晚上十点才能完成作业，减少了睡眠时间，导致第二天上课没有精神，降低了学习效率。周而复始，造成恶性循环。这时，可以给孩子确定一个作业完成的最后时间。要保证孩子十小时的睡眠时间，很多家长规定孩子九点睡觉，那么如果到了晚上九点，孩子的作业还没有完成，就不再写了，要求孩子必须睡觉。作业没有完成，孩子就会受到老师的批评，承担拖延的后果。以后，孩子就会抓紧时间完成了。但这是个狠招，家长要视情况而定，不能多次使用，只能在关键时用上几次。

（3）制订生活或学习计划，从小目标开始。在日常生活中，家长要注意培养孩子制订计划，这个计划可以是写出来贴在墙上的大计划，完成时间会有一定周期，有拖延行为的孩子不适合这个计划。面对有拖延行为的孩子，家长应该培养孩子学会每天制订不同任务的小计划，把任务分解成一个个的小目标，把时间分配到每一个目标中，一步一步完成。例如，每天的作业有语文、数学和英语，家长可以和孩子一起商量先做哪门功课，每门功课先做哪一项，家长可以指导孩子按照事情的轻重缓急排序，让孩子每天按计划做事情。

（4）少催促，多肯定。孩子做事情磨蹭的时候，很多家长喜欢不停地喊，不停地催促。结果越催促，孩子的动作越慢，家长就更生气！应该反过来，随时观察孩子在生活中的表现，及时发现孩子效率高的一面，强化孩子有效率的时候，孩子一旦速度快了，马上肯定孩子。比如："今天穿衣服比昨天快多了""今天吃饭速度真快""今天写作业速度比昨天快了5分钟""今天收拾书包比昨天快多了"……多肯定孩子的进步。总之，孩子慢的时候，装作看不见，故意淡化它，让孩子不断意识到自己做事情越来越迅速了。同时表扬和肯定要注意细节化、具体化。

亲子时光

活动主题

亲子比赛游戏。

活动建议

在日常生活中，家长可以与孩子多玩竞赛类游戏，让孩子在比赛中体会到时间的价值。诸如此类的游戏有以下几种：早上起床，和孩子比一比谁穿衣服快；玩完玩具和孩子一起收拾，看谁收拾得快；做相同的事情时，速度能否比上一次

有所提高。通过这样的游戏，孩子会慢慢学会利用时间，并珍惜时间。

亲子穿衣服比赛游戏

参加人员	比 赛 用 时				
	星期一	星期二	星期三	星期四	星期五
爸爸					
妈妈					
孩子					

第五节　不轻易打扰，保护孩子注意力

情景剧场

情景初现

　　丽丽上二年级后，做作业越来越不专心，效率也越来越低，妈妈每天要陪丽丽做作业到很晚。开始她以为是老师给孩子留的作业太多造成的，但是跟其他家长聊天发现，大部分孩子很快就能完成作业，回家后有大量时间看课外书玩游戏。于是妈妈开始留心观察孩子，发现是孩子做作业时不专心，注意力不集中，总有小动作，自己跟孩子没少发脾气。

情景剧视频

　　妈妈催促着说："丽丽，作业写完了吗？怎么动作那么慢，你总是磨磨蹭蹭。"孩子只应了一声就没有声音了。妈妈要求房间门打开着，方便随时观察她的情况，妈妈干完活，几次进进出出房间，观察丽丽是否认真写作业。有时妈妈帮丽丽打水、拿水果等进去看看孩子注意力是否集中。有时孩子好久了没出来，妈妈心想，肯定是走神儿呢，于是迅速走进孩子的房间，紧接着就传

来斥责的声音："我就知道你又玩儿上了，我说怎么这么老实呢。"此时，孩子正起劲地玩着新买的玩具，孩子用玩具做出不同的动作，在心里编了一个故事，这样的情况经常发生。

（从家长的视角看，妈妈觉得孩子注意力不集中，喜欢做小动作，作业完成的质量较差，容易开小差，总是没办法让人放心得下。）

（从孩子的视角看，她已经很认真了，但是妈妈老是走来走去，还说自己注意力不集中，老是说她这不对那不对。妈妈不信任她，老是像防小偷一样防着她。）

🔄 读懂孩子，翻转剧情。那我们再来一次吧！

情景再现

丽丽在房间里很久没有声音，妈妈知道丽丽写作业较慢，对学习不够专心这个问题，她尝试用不同的方式去沟通。妈妈说："丽丽，作业写完了吗？妈妈发现你用了不少时间了哦，是遇到了什么问题吗？"（站在孩子的角度，理解孩子的困难。）

丽丽回答："妈妈，我老是注意力不集中，我也想做事快点儿，可是没办法啊。"妈妈不紧不慢地说："是不是妈妈经常打扰你，老是催你，你有压力？"（试图引导孩子分析问题存在的原因。）

丽丽轻声地回答："是，也不是。"

妈妈说："妈妈相信你，我以后不给你制造干扰，你集中注意力完成，还有其他奖励哦。"

丽丽委屈地说："可我还是不知道，有时候就是不自觉。"

妈妈说："是题目太难了，没有信心？"

"不是。"丽丽回答。

妈妈继续说："还是房间不整洁太多玩具，很多诱惑吗？"

丽丽抢着说："有点，题目有点儿难，我就分神，你一催，我就心烦。"

妈妈说"那妈妈想，我们以后可以布置一个学习环境，玩具拿到另外的房间，写完作业后再拿玩具玩，奖赏自己，好吗？"（帮助孩子寻求解决的方法。）

丽丽回答说："好啊，但你答应了的事也要做到。"

妈妈说："好，妈妈相信你，答应你能做到，作业是你自己的，我急也急不来，但妈妈可以为你做好后勤。"（给予孩子相应的帮助，让孩子感受到父母的支持，从而更有动力和信心克服困难。）

过了几天，妈妈发现孩子的床上干净整洁，飘窗上的玩具也都不在了，被收拾得宽敞整洁。书桌上除了柯南，其他小摆件都已经清理，柯南是孩子用来激励自己的，用孩子的话说是"让柯南看着我"。孩子作业比原来写得快了，写得也更认真了，老师在班上表扬她进步了。为表示信任孩子，妈妈还让孩子写作业时把门关上，这样孩子反而慢慢地能按规定的时间完成作业。

家长反思

反思一

情景再现中，妈妈的做法有什么不同？效果如何呢？你的启发是什么？

反思二

孩子做作业时注意力不集中，你是如何看待的？又是怎样引导的？请写下来。

养育秘籍

如何准确分析注意力不集中的问题？

孩子注意力不集中的原因大致可分为两类，分别是内因和外因。内因包括生理原因，如感知觉统合失调、多动症等；心理原因，如压力太大，习惯不良，功能开发不到位等。而外因包括家庭的观念不合理，家庭作息混乱，家庭环境复杂等。因此，要想培养孩子的注意力，就得找准原因，因材施教。

如何帮孩子提升注意力？

通过与孩子交流和对孩子的观察，家长们可以发现生活中可以通过各种细节帮助孩子提升注意力，抓住孩子的性格特征，引导沟通方式方法，注重和保护好孩子的上进心和荣誉感，多在公众场合表扬和肯定孩子的优点。具体建议如下。

（1）注意力训练要有趣味。孩子最大的兴趣就是玩，我们可以科学地利用孩子玩耍的机会培养他们的注意力。家长在陪同孩子玩游戏时应有目标地进行，同时也可以把有趣的注意力专项训练加入孩子的日常玩耍中，如神耳训练，舒尔特方格训练等。

（2）为孩子学习提供良好的环境。孩子学习时的外界环境要清净、整洁。当孩子学习遇到困难时，家长要给孩子帮助，避免孩子出现压力大、没信心等心理现象。通过正面引导让孩子拥有自信，能继续专心地学习。

（3）严格要求，强化集中注意力。孩子压力大会导致注意力不集中，但适当的压力能化作动力。家长可以在孩子的能力范围内，给孩子提出一定的要求。必要时还可以采取强制措施，让孩子注意力高度集中。如孩子一边玩一边做作业，家长应及时制止，即使孩子会哭闹，家长还是要坚持。再要注意方式方法，不能用粗暴的打骂来解决。

（4）用积极评价来巩固孩子的注意力。当孩子完成了某项训练时，当孩子聚精会神学习时，家长看到后要给予一定的表扬。即使孩子的进步只是一丁点，但也是孩子努力的成果，需要被看见。如果平时有制定奖惩制度就要遵循约定，给孩子一定的奖励。也可以试着在跟别人讨论孩子时，有意识地赞美孩子的进步，让孩子更有动力向着更好的方向努力。一定的赞美和表扬，对孩子的注意力培养是至关重要的。

亲子时光

活动主题

赞赏的力量。

活动建议

如何帮助孩子提升注意力，交流和沟通是必要的，父母和孩子都需要根据实际情况做调整。赞赏和建议也是不错的方式，不妨和孩子一起写下反思。

_____成长反思（_____年____月____日）

类　别	改变的行动	改变的观念	沟通的方式
孩子值得赞赏的做法			
父母值得赞赏的做法			

第六节　树立信心，克服厌学心理

情景剧场

情景初现

刚上小学的梓萱对学习一点热情也没有，爸爸检查梓萱的作业，字写得歪歪扭扭，作业本上涂涂改改、圈圈画画，简直不像是一本作业。叫人看了就气不打一处来，爸爸把女儿喊来，对她进行了一番严厉的批评和教育。

情景剧视频

爸爸说："你看看，你写的这是啥？"

梓萱低着头，玩着手指，没有回答。

爸爸看了更气了，大声吼道："你有没有在听？你说说，你自己能认出你写的是什么字吗？你这样的态度，能学到东西吗？"

梓萱为了快点结束这场"批判"，小声地回答："不能。"

爸爸见梓萱有所反应，接着说："学习啊！首先要端正态度，有个学习样。上课认真听课，回来好好写作业……"

看梓萱站在一边低着头乖乖地听着，一副很受教的样子。爸爸觉得自己教育的效果达到了，便去煮饭了。

过了两天，爸爸和梓萱去游乐场玩，想到那天批评孩子的事情，问梓萱："爸爸那天批评你的时候，你在想什么？"本以为梓萱会说在想如何改正错误，端正态度之类。没想到梓萱说："其实我什么都没想，我最讨厌的就是学习了，我心里默默骂你！"女儿的回答让爸爸大跌眼镜。

（从家长的视角看，孩子做错了就要纠正，习惯不好就要批评，说过了就要实行，说过了就会有效。）

（从孩子的视角看，他已经努力学习和练字，就是比其他同学慢了一点。没想到爸爸居然这样批评自己，自从上了小学，爸爸不像以前那样有耐心了，他感到很难过，很愤怒，他觉得自己永远都学不好，干脆不学了，出现了厌学心理。）

🔄 **读懂孩子，翻转剧情。那我们再来一次吧！**

情景再现

梓萱爸爸检查作业，看到作业写得凌乱，爸爸决定和女儿耐心讨论。

爸爸拿着作业本，说："女儿，请你来当个小老师，看看这份作业做得如何？"（通过角色变化引导孩子客观评价自己的作业。）

梓萱发现是自己的作业本，有点儿不好意思地说："字写得潦草，书面不整洁。"

爸爸笑着说："我的女儿还挺会评价的，还真有几分老师样儿。那我们一起来分析分析，看看这份作业为什么会写得那么凌乱？想想办法解决。"（肯定孩子的评价，让孩子不沉浸在错误中，而是配合寻求解决问题的方法。）

女儿说："上课时有的地方没听懂，回家作业就不会写。不会写我就烦躁，但是作业又不得不写，所以我才在作业本上涂涂画画的。"

爸爸对梓萱说："哦，原来是因为不会写作业很烦躁才把字写得潦草，那你现在看一看这个本子，你觉得让它继续这样发展下去好吗？"

梓萱说："不好。"

爸爸说："那我们有没有什

么办法解决不会写作业的问题呢？"

梓萱说："我觉得以后上课认真点，有不懂的主动问老师，回家不懂的呢，就问爸爸妈妈。"

爸爸笑着摸了摸梓萱的头，说："这方法听着不错，那我们试着实行吧！"

于是，爸爸把梓萱不会的题目耐心地讲解了一遍，然后让梓萱重写作业。这次梓萱把字写好了，也没有涂涂画画。

慢慢地，梓萱的成绩渐渐提高了，刚开始的厌学情绪也消失了。

很多时候，家长自以为很了解孩子，但是孩子的内心世界是单纯而又丰富的。我们不能以成人的眼光和标准来评判孩子。孩子上课听不懂、作业不会做在小学低年级是很容易发生的现象，根据每个孩子的适应能力的不同而情况有所不同。因此，了解孩子的心理需求，帮助孩子克服厌学情绪很重要。

家长反思

反思一

情景再现中，爸爸的做法有什么不同？效果如何呢？你的启发是什么？

_____

_____

_____

反思二

你的孩子曾经出现厌学心理吗？有哪些表现呢？你又是怎样引导的？

_____

_____

_____

养育秘籍

厌学心理是什么？

厌学心理是指青少年在学习过程中缺乏积极性和主动性，认为学习活动单调、枯燥、乏味、没劲，对听课、做作业、复习考试等感到厌倦，并将学习看成一种生活的沉重负担。因此不能从事正常的学习活动，经常逃学或旷课，严重的甚至辍学。

如何准确分析孩子厌学的问题？

像梓萱这样的孩子非常常见，大部分学生的厌学都会有一个过程。

刚开始是思想上的，他可能上课注意力不集中，无法独立完成作业。之后思想上的抵触会付诸行动，出现上课不听讲、迟到、旷课等行为，与此同时，人际关系也会出现问题。重度的厌学者则由思想和行为发展到了心理问题。

通常让孩子对学校和学习产生厌恶和畏惧情绪的原因有以下几种。

（1）被老师批评，惧怕老师。

（2）上课听不懂，作业不会做。

（3）被同学欺负，不敢去学校。

（4）家长逼得太紧，压力过大。

如何帮孩子克服厌学心理？

面对这样的孩子，家长可以做一些适当的引导。

首先，了解孩子到底怎么了。不要孩子一说不想上学，家长就先发火了。训他、骂他、苦口婆心这时候都没有用，先了解他抵触学习的原因。

其次，在了解问题后，我们再有针对性地解决问题。

再次，解决问题本身就是一个学习过程，如果不给孩子自己解决问题的机会，下一次他依然解决不了。该放手时放手，别剥夺孩子享受成就感的权利。该帮助时伸手，别让孩子孤军奋战。

就像一位家长说的："别怕孩子犯错、失败，在我们能看到的地方，让他摔跤，好过让他在我们看不到的地方摔死。"孩子有厌学情绪是正常的，家长不要焦虑，先平复好自己的情绪，和他多交流沟通。如果是孩子的问题，就想办法帮助孩子，如果是家庭的原因，就好好面对，解决家庭问题。

最后，一些青少年心理疾病的表现也有厌学，如果孩子厌学已经从心理延伸到行为，或者长时间地拒绝出门，一定要寻求专业人员的帮助，排除其他心理、生理问题的可能原因。

亲子时光

活动主题

我们的进步。

活动建议

家长和孩子一起写成长反思，让家人互相看到对方的优点，共同进步。

_____成长反思（_____年____月____日）

类　　别	事　　件	改变的观念	处理的方式
孩子的做法			
父母的做法			

第七节　制定公约，克服手机成瘾

情景剧场

情景初现

小花今年 11 岁，刚上四年级。父母平时忙于工作，照顾孩子比较少。小花语数英三门功课都曾经考过不及格，学习成绩在班上处于偏下水平，性格有点儿内向，但言语表达清楚，喜欢玩网络游戏，刷抖音，见了手机眼睛就发光。

情景剧视频

周二晚饭后，小花像往常一样，对妈妈说："妈妈，我要用手机做英语口语作业。"妈妈连忙摇头说："不行，不行，谁知道你是不是真的做作业？"

小花又说："妈妈，如果没有做英语口语作业，明天回学校就要被英语老师批评，您想让我受批评吗？""唉！"妈妈叹了口气，半信半疑地把手机给了小花："小花，那你快点做完把手机还给我。"

小花马上接过手机，"嗯"了一声后，她就拿着手机开始做英语口语作业。一开始小花还是挺认真的，不时听到她跟读的声音。于是，妈妈放心地去做其他事情了。

这时，小花趁妈妈走开，悄悄点开了手机的游戏页面。正当小花玩得入迷时，爸爸下班到家，看到小花拿着手机，就火冒三丈，二话不说直接走过去，一看是在玩游戏，不由分说地把手机夺走了。

小花顿时茫然，两眼瞪瞪地看着爸爸，一句话也不说就回房间了。

（从家长的视角看，爸爸希望回到家看到孩子不是在玩游戏而是在写作业。）

（从孩子的视角看，她已经写了一些作业了，刚才也在做英语作业，现在也只是想玩一会儿游戏，但爸爸什么都不问就夺走了手机，感觉又生气又委屈。）

⟳ **读懂孩子，翻转剧情。那我们再来一次吧！**

情景再现

周二晚饭后，小花像往常一样，对妈妈说："妈妈，我要用手机做英语口语作业。"

一开始妈妈是不愿意给她的，担心小花用手机玩游戏，但妈妈把自己的担心说了出来："孩子，妈妈不是不想给你手机做作业，只是担心你忍不住拿去玩游戏。"（妈妈耐心引导孩子，描述事实。）

小花有些不耐烦地说："妈妈，如果我没有做英语口语作业，明天回学校就会被英语老师批评的。"妈妈接着说："孩子，妈妈是知道你要做英语作业的，但妈妈有一点小要求。"（妈妈继续耐心引导，和孩子确认事实。）

小花想要拿到手机，就点头答应妈妈。妈妈接着对小花说："孩子，妈妈想陪在你旁边，看着你做英语口语作业，允许你做完作业后玩10分钟手机再归还，这个要求你能答应吗？"（妈妈给孩子提供一些方法的指导，帮助孩子正确使用手机。）

小花听到自己可以拿手机做作业，还可以玩10分钟手机再归还，满心欢喜地答应了。按妈妈的要求做完作业后，小花便准备开始玩10分钟手机。

这时，爸爸下班回家，看到小花拿着手机玩，满脸狐疑，但又不想发火。这时，妈妈示意小花爸等等。10分钟到了，妈妈开口提醒小花："孩子，时间到了，你要把手机还给妈妈了。"（妈妈通过描述事实，引导孩子自觉遵守约定。）

小花抬头看见爸爸回来了，不好意思再拖，就把手机交还给妈妈。小花爸爸看到，笑着说："孩子，有进步。"（爸爸的赞许，使孩子感受到自己被肯定。）

小花也不好意思地笑了笑。

结局翻转

这天晚上，小花用手机完成了英语口语作业，虽然小花也玩了一会儿游戏，但手机是在规定时间内归还的。

家长反思

反思一

情景初现与情景再现中，妈妈的做法明显不一样，在情景再现中妈妈向小花提要求，这样做恰当有效吗？

_____

_____

反思二

你家孩子是否沉迷手机不能自拔？如果是，你有想过哪些办法帮助孩子呢？请写下来。

_____

_____

养育秘籍

手机会对小学生造成哪些生理和心理上的影响？

（1）手机对小学生造成生理影响。

① 破坏神经系统。

② 影响思维模式。

③ 影响生长发育。生长期长时间玩手机可能导致孩子手指发育畸形；低头玩游戏可能对孩子的颈椎有很大伤害。

（2）手机对孩子造成心理影响。孩子们通过智能手机浏览网络确实可以收获更多的信息，拓宽视野，但不可否认的是，网络中的内容有积极阳光的，也有消极阴暗的，小学生对真善美和假恶丑的判断力还没有达到成熟的水平，不能独立辨别其中的好与坏，手机里一些不适合小学生观看的内容，很可能给他们造成心理上不可磨灭的危害。

孩子老是玩手机怎么办？

（1）约法三章，犯规要有惩罚。

家长可以抽出10分钟与孩子一起制定一份手机使用守则，

具体如下。

①孩子与家长一同出门玩耍时，不带手机出门。

②小学生周一至周五每天可使用半小时智能手机，周末可使用一小时，家长到规定时间准时将手机收走，并且关机。

③规定孩子每天玩手机的具体开始和结束时间，由家长和孩子商量后决定。

④如果孩子做不到，就收走孩子的手机作为惩罚。

以上4条请坚持一个月时间，一分坚持一分收获，做到不心疼、不放纵、不妥协，才能一点一点地使孩子戒掉对手机的依赖。

（2）转移孩子注意力，培养孩子的兴趣爱好。很多孩子接触手机后逐渐沉迷，很大原因是网络世界比现实世界更吸引自己。家长可以培养孩子的兴趣爱好，让孩子在现实世界找到吸引自己的事情，转移孩子对手机的注意力。每多一种爱好，孩子就多一种从手机中转移注意力的方式。

（3）家长要以身作则。

孩子是踩着父母的足迹一步步长大的，每一位父母都需要做好孩子的"引路人"。孩子身上每一个不良习惯，几乎都能在父母行为中找到根源。而好习惯的养成，也来自孩子对父母行为举止的微妙模仿。

如果父母在家中整日手机不离手，孩子自然沉迷手机不能自拔；如果父母经常捧着一本书看，孩子也会养成每天阅读的好习惯。如果我们想要孩子更好地成长，首先自己要成为那样的人。因此，在孩子禁玩手机期间，请家长陪孩子一起坚持做到以下几点。

①陪孩子时，不玩手机。当家长陪伴孩子的时候，无论是陪写作业还是陪玩，可以提前将手机静音，并且不让手机暴露在孩子眼前，保证家长的陪伴是一心一意的。

②孩子闹脾气时，不拿手机哄。孩子的情绪是多变的，有时候孩子出现情绪化哭闹。家长觉得烦，怎么哄都不听，这时候就拿出了大法宝——手机，孩子的手机瘾多半就是这样染上的。因

此，家长要坚持自己的原则，不管孩子怎么闹脾气，不要用给孩子玩手机作为快速的解决方法，不要养成孩子依赖手机的坏习惯。

③ 家长态度要坚定。如果家长已经开始实施制止孩子玩手机的策略，态度一定要坚决！要让孩子看到你不达目的誓不罢休的决心！

🎈 亲子时光

活动主题

制定一份手机使用公约（包括家长和孩子手机使用的公约）。

活动建议

（1）在比较和谐的亲子氛围环境下，家长向孩子建议制定手机使用公约。

（2）各自制定对方手机使用公约的内容，然后商量最终的手机使用公约内容。

×× 手机使用公约参考模板

使用规则：非必要不使用。

使用时间：每天在父母的监督下最多使用＿＿＿＿小时（作业上传＋娱乐）。

监督机制：每天家长填写使用时长（单位：分钟）并签字。

日 期	总 时 长	作业时长	娱乐时长	家长签字

第八节　学会鼓励，克服自卑自弃

情景剧场

情景初现

　　婷婷 10 岁了，刚从乡下奶奶家转学到城里，回到了爸爸妈妈的身边。这一天，婷婷放学回到家，妈妈生气地说："你回来了？我正想问你，这次考试怎么才考了 60 分？叫你多向同学学习，你就是不听。"

情景剧视频

　　婷婷忍不住掉下眼泪，紧握拳头，哭着说："是，我啥都不好，同学们都说我是乡下妞。我讨厌这里，我不想留在这里，我想回乡下奶奶家。"说着跑回到房间，反锁了门。

　　（从家长的视角看，孩子真是不懂事，为了让你回到我们身边，我们付出了多少努力啊！有这么好的学习环境不好好珍惜，还和同学吵架。）

　　（从孩子的视角看，我已经很努力尝试融入他们的圈子了，但是结果不理想，今天吵架是因为他们嘲笑我是乡下妞。我不喜欢这里，虽然为了让我能在城里读书，爸爸妈妈付出了很多努力，但我学习成绩跟不上，同学们说的东西我插不上嘴，玩的东西我也都不会，我想回乡下。）

79

情景再现

婷婷放学回到家，妈妈接过孩子的书包，抱着婷婷说："宝贝，回来啦！怎么不开心呢？怎么了？在学校不习惯吗？还是说想回奶奶家啦？"

婷婷："是，同学们说我是乡下妞，我是不是真的很糟糕？"

"怎么啦？在学校发生什么事情啦？让我猜猜……"妈妈故作深思了一番，"是不是同学们讨论的话题有些你不懂？还有学习上有点儿吃力？"（帮孩子分析问题。）

"我每天到了学校，都好害怕，我怕同学们问我一些我答不出的问题，我是不是很笨啊？"

"不会啊，你一直都是最棒的。以前在奶奶家，不但能帮助爸爸妈妈照顾奶奶，而且自己的学习也从来不用我们操心。你现在不习惯，只是因为刚来新学校，有很多东西还不适应，慢慢地就会越来越好了。让我们来想想，怎样解决这个困难，好不好？"（肯定孩子的优点，让孩子有信心，并让孩子思考解决方法。）

"嗯，可是我不知道该怎么做。您能帮帮我吗？"婷婷疑惑地问。

"当然可以啦。我们可以这样做。第一，找个同学一起来帮助你。第二，我们给他们介绍我们的家乡，让他们知道我们家乡有多好。让他们熟悉你也熟悉我们的家乡，以介绍自己的方式尝试和同学们交朋友。"

婷婷："嗯，可是我怕我做不好。"

"还有妈妈这个帮手啊，你一定可以的，好嘛？"

✎ 家长反思

反思一

情景再现中，婷婷妈妈的做法有什么不同？效果如何呢？你的启发是什么？

_____

_____

反思二

当孩子自卑自弃的时候，父母该如何引导孩子走出这种状态？

_____

_____

📖 养育秘籍

当孩子自卑自弃时家长应该怎么做？

当孩子自卑自弃的时候，家长切忌打击伤害孩子。而是要给孩子树立信心，帮助孩子找到自己的闪光点，具体方法如下。

（1）制定合理的目标，对比较难完成的事，要把它细分到孩子能够做到的步骤。让孩子逐步体会到成功的喜悦。

（2）分析孩子自身优势，让孩子接纳认可自己。创造条件给孩子更多的机会让孩子去实践锻炼，给孩子足够的成就感。

（3）多肯定孩子，多和孩子说"这不难，你一定行"，让孩子得到肯定和鼓励。

（4）放手让孩子独立去完成，不管结果如何。（事前可以和孩子先分析困难所在，以及解决的方法。）在过程中寻找孩子值得肯定的点，表扬他，肯定他的付出，肯定这件事所带来的意义。

（5）家长要放弃对孩子完美主义的期待，我们要正确看待孩子，我们要允许孩子出错，允许孩子失败。

81

（6）要学会去关注孩子的优点，把目光聚焦在孩子的优点上，不断地放大。

（7）家长要学会用语言、动作向孩子表达爱和关怀。

亲子时光

活动主题

培植信心之花。

活动建议

（1）和孩子一起寻找自己身上的优点，自定星级。

（2）分析讨论如何解决最近遇到的困难小怪兽，简单概括梳理，并填写下面的表格。

培植信心之花（第＿＿周）

我的优点	奖励星级	困难小怪兽	难度级别	解决妙招
	☆☆☆☆☆		☆☆☆☆☆	
	☆☆☆☆☆		☆☆☆☆☆	
	☆☆☆☆☆		☆☆☆☆☆	
	☆☆☆☆☆		☆☆☆☆☆	

第 三 章

人格辅导篇

第一节　逆反心理：在对抗中成长

情景剧场

情景初现

欢欢放假在家，只见她躺在沙发上专心致志地看电视，看到精彩处还哈哈大笑。刚开始妈妈没说什么，只是忙前忙后地做家务。后来见欢欢一直看着电视，叫也不理睬，妈妈走过去说："小表弟等下就来了，你总是看电视，不会看会儿书吗？"欢欢头也没抬，敷衍地说："好了好了，知道了。"但说归说，就是不动，眼睛一直没离开电视。

情景剧视频

没过多久，妈妈又去提醒说："别看了，都看多久了！去做作业！"

欢欢有些不耐烦地说："好的，知道了，等会就做，别挡着我。"妈妈看女儿岿然不动，音调顿时提高了一个度："作业做了多少？老师要求每天看课外书，你看了吗？电视里的东西考试会考吗？"欢欢也不甘示弱，立马顶嘴说："好不容易放个假，电视都不让看，只知道考试考试，烦死了！"妈妈顿时火气上来了，一把关掉电视，朝女儿吼道："我还不是为你好？如果你不是我女儿，我会管你吗？"欢欢将遥控器往沙发上一扔，也吼了一句："那就别管！"说完她走进自己的房间，然后用脚将房门重重地踹上。妈妈被气得顿时来了脾气，在客厅不断地指责女儿。

此时，小表弟已经到门口了，却听到家里传来一阵阵争吵的声音。

（从家长的视角看，明明是为孩子好，可为什么她就是不领情，甚至还要顶嘴，跟我们对着干呢？）

（从孩子的视角看，现在是放假时间，看看电视，放松一下，有错吗？好不容易放个假，电视都不让看，只知道考试考试，烦死了。）

🔄 **读懂孩子，翻转剧情。那我们再来一次吧！**

情景再现

欢欢放假在家，只见她躺在沙发上专心致志地看电视，看到精彩处还哈哈大笑。刚开始妈妈没说什么，只是忙前忙后地做家务。后来见欢欢一直看着电视，叫也不理睬，妈妈走过去拍拍欢欢肩膀说："我们之前约定好了，看电视半小时要关机休息眼睛哦，现在你还有 5 分钟时间，小表弟很快就要到了。"

欢欢头也没抬，敷衍地说："好了好了，我知道了。"但说归说，眼睛一直没离开电视。于是，妈妈放下手中的家务，坐在欢欢身边对她说："那剩下 5 分钟妈妈在你旁边等你，和你一起看。"

妈妈看到时间到了，对欢欢说：

"时间到了，是我关电视，还是你自己关呢？你来决定。"欢欢说："妈妈我能再看一会吗？"妈妈说："妈妈知道你很想继续看，但是不行，现在已经到时间了，约定好的事情要说到做到。而且小表弟马上要到我们家了，你是大姐姐，妈妈相信你可以做个好榜样，做个有礼貌的小主人。"于是欢欢说："好，我现在就关电视。"

结局翻转

欢欢关掉电视，然后换好鞋子开开心心地下楼迎接小表弟，在家里和表弟一起看书，做游戏，当然也有一起看电视，毕竟是放假时间。不过，时间把握还是挺好的，因为她时刻记着自己是大姐姐。

🖊 家长反思

反思一

孩子顶嘴，似乎是每位父母都会遇到的事情。明明是为孩子好，可为什么她就是不领情，甚至还要顶嘴，跟我们对着干呢？

_____

_____

反思二

那当孩子顶嘴时，我们要怎么说，孩子才能听得进去，并且愿意接受和改变呢？

_____

📚 养育秘籍

逆反心理是什么？

逆反心理是指人们彼此之间为了维护自尊，而对对方的要求采取相反的态度和言行的一种心理状态。青少年中常会发现个别人"不受教""不听话",常与教育者"对着干"。这种与常理背道而驰,以反常的心理状态来显示自己的"高明""非凡"的行为,往往来自于"逆反心理"。

为什么孩子会产生逆反心理?

主观上,是孩子正处于"过渡期",其独立意识和自我意识日益增强,迫切希望摆脱成人的监护。他们反对成人把自己当"小孩",要求以成人自居。为了表现自己的"非凡",就对任何事物倾向于批判态度。正是由于他们感到或担心外界无视自己的独立存在,才产生了用各种手段、方法来确立"自我"与外界对立的情感。

客观方面,教育者的可信任度、教育手段、方法、地点的不适当,往往也会导致逆反心理。

如何理性地看待孩子的逆反心理?

当孩子进入青春期,他们由儿童向成年人过渡,开始有了自我的意识,对于父母强加给他的意愿,出现了逆反心理,而每当这个时候,就是父母对如何教育青春期孩子最为头疼的时候,只要父母注意到以下三点,孩子的逆反心理完全是可以缓解的。

(1)尊重孩子。青春期是孩子们最需要得到他人认同与他人尊重的时期。当孩子对你的意愿表现出逆反时,家长不要急着去进行镇压,而要想一想,他们为什么会反抗。同时你可以向他表示:"我尊重你的看法"或"你尽量举例说明"。千万不要忽略孩子的意见!不要过度表现出对事情了若指掌或经验老道的样子,对孩子的反对意见,表现出不在乎或不重视,这会激怒孩子。应该鼓励他们表达自己的意见,尤其是将内心的感觉表达出来,然后给予完全的重视和关心。

(2)注意语言。说话时注意语气、语调与用词。尽量避免使用命令的辞令,青春期的孩子不喜欢被命令、被驾驭、被强迫或被规定做任何事。有些字像"应该""必须""务必""一定"等,都是激起反抗情绪的祸源，命令会引起抗拒的心理。相反，应该以征求同意的方式，尽量使用"我们"，而不要使用"你"或"你们"。千万不要硬碰硬，你最好说出你的道理、想法、观念、意见、理想和问题。尽量避免使用那些容易引起摩擦的文字，造成不愉快的关系。

（3）学会聆听。当问题出现时，家长可以先提出问题，然后注意聆听孩子的想法。当你听到孩子的反对意见时，要故作镇定状，并表现出听得津津有味的模样。给予别人必要的喘息时间，以便解除反抗的情绪。家长光满足于表面上了解孩子是不够的，还必须学点心理学知识，尤其是关心少年儿童的心理学。只有这样，才能更深入地了解孩子、理解孩子、教育孩子。

亲子时光

活动主题

增进相互理解。

活动建议

回忆孩子出现逆反心理的一件事写下来，写下自己的情绪、想法和感受。和孩子进行讨论，注意讨论的过程中，做到尊重孩子，不评价孩子，有耐心地倾听。

事件＿＿＿＿＿＿＿＿＿＿＿＿＿＿＿＿＿＿＿＿＿＿＿

家长当时的情绪是＿＿＿＿＿＿＿＿＿＿＿＿＿＿＿＿＿

家长的想法是（你希望）＿＿＿＿＿＿＿＿＿＿＿＿＿＿

家长的行动是（做了什么）＿＿＿＿＿＿＿＿＿＿＿＿＿

孩子当时的情绪是＿＿＿＿＿＿＿＿＿＿＿＿＿＿＿＿＿

孩子的想法是（孩子希望）＿＿＿＿＿＿＿＿＿＿＿＿＿

孩子的行动是（做了什么）＿＿＿＿＿＿＿＿＿＿＿＿＿

未来怎么做得更好＿＿＿＿＿＿＿＿＿＿＿＿＿＿＿＿＿

第二节　自我概念：不给孩子贴标签

情景剧场

情景初现

放学后，妈妈做完晚饭准备叫小曦吃饭，看到小曦自从回家后一直坐在房间里没有动，妈妈有点儿生气地说："小曦，你怎么这么晚回来，作业做完了吗？"

情景剧视频

小曦委屈地说："妈妈，我的作业还没做完，我有点累了，刚在外面走一走。"

妈妈继续说："净说谎话，放学时你在学校玩的时候怎么不见你说累呢，快来吃饭吧。"

小曦没有解释的机会，只好情绪低落地走出去吃饭了，晚饭也草草地吃完就进房间了。

（从家长的视角看，小曦放学后一直在操场玩耍，现在作业还没做完，怎么那么贪玩。）

（从孩子的视角看，妈妈怎么没有给他解释的机会，就给他贴上负面的标签，觉得他贪玩、爱说谎，他感到很难过，并且不想再跟妈妈沟通。）

🔄 读懂孩子，翻转剧情。那我们再来一次吧！

情景再现

放学后，妈妈做完晚饭准备叫小曦出来吃饭，妈妈想起放学接

他时一直没出校门，心想小曦今天怎么跟平常不一样？就问："小曦，你今天遇到什么事了吗？"（妈妈虽然很好奇小曦为什么跟平时不一样，但是没有直接问，而是先关注当下的情况。）

小曦说："妈妈，我还没有写完作业，有点累了，起来走动一下。"

妈妈走过去摸摸他的头说："那你现在舒服点了吗？"（妈妈关注小曦的情绪，并确认情绪良好，为接下去的谈话做铺垫。）

小曦点点头，妈妈继续说："小曦，今天放学你没有及时出校门，是跟同学在操场玩耍吗？"（妈妈没有给小曦贴标签，而是给他说明解释的机会。）

小曦低下头说："是的妈妈，让你久等了，对不起。"

妈妈欣慰地说："你能认识到自己的错误并向妈妈承认，妈妈很高兴。今天你有体育课，体力消耗大，如果放学后还继续玩，回家写作业就容易疲倦了，对吧？"（妈妈没有针对小曦这个人，而是就事论事，分析今日的事情怎样做会更好。）

小曦点点头说："妈妈，我知道了，我以后会改正的。"说完，和妈妈一起高兴地吃饭了。

结局翻转

妈妈洞察到小曦的异常，并就事论事引导小曦说出事情的原委，不随意给孩子贴标签，一家人愉快地进了晚餐。小曦也不会认为自己是贪玩和爱说谎的孩子。

家长反思

反思一

情景初现中，妈妈的做法有什么不妥之处？

_____

_____

_____

反思二

在日常生活中，你是否有过给孩子贴标签的行为？请试着写下来。

_____

_____

_____

养育秘籍

什么是贴标签？

第二次世界大战期间，心理学家在一批行为不良、纪律散漫、不听指挥的新士兵中做了这样一个实验：让他们每人每月向家人写一封信，说自己在前线如何遵守纪律、听从指挥、奋勇杀敌、立功受奖等内容。半年过后，这些士兵发生了翻天覆地的变化——他们真的像信上所说的那样去努力了。心理学家从这个实验中总结出了"标签效应"，即人们一旦被贴上某种标签，就会做出自我印象管理，努力成为标签所标定的人。

给孩子贴标签有什么影响？

心理学家认为，之所以人会出现"标签效应"，主要是因为"标签"存在定性导向作用，无论内容是好还是坏，它对人的"个性意识的自我认同"都有强烈的影响，给一个人"贴标签"的结果，往往能让他向"标签"谕示的方向发展。

父母给孩子贴标签的行为实际上是对孩子的一种心理暗示。心理暗示每加强一次，对孩子的性格就是一次重新地塑造和加强，最终让孩子不自觉地向着标签所示的方向靠拢。

家长如何帮助孩子正确认知自我?

（1）尊重孩子，允许犯错。父母要相信孩子生来就是有价值、有尊严的，有权利受到尊重。孩子若知道父母爱他、尊重他，就会相信自己是有价值的，也就不会发生认知偏差了。当孩子做错事情时，家长要多些宽容和引导，少些斥责。

（2）不给孩子贴负面标签。给孩子贴上负面标签，容易打击孩子的自信心，造成亲子关系疏离，同时局限孩子的发展。

（3）可适当使用正面标签。适当给孩子积极的、正面的期待和评价，可以引导孩子往积极的方向发展。但是不适宜经常使用，容易给孩子过大的心理压力，让他在做不到家长的期待时产生怀疑自己的想法。

（4）描述而不是评价。当孩子做错事时，先陈述所见的事情，再引导孩子说出感受和原委，最后加以引导和期待，对事不对人，避免直接评价个人。

亲子时光

活动主题

撕掉标签，看见自己。

活动步骤

（1）准备一些正面和负面的形容词写在标签上（如胆大、胆小，乐观、爱哭……）。

（2）所有标签都贴在孩子身上，让孩子撕掉觉得与自己不符的标签。

（3）和孩子一起说一说身上的标签。什么事让你觉得自己有这些特点呢？你喜欢这些标签吗？无论好坏，你觉得撕掉这些标签对你有没有影响？

（4）和孩子一起撕掉所有标签，告诉孩子：未来一切皆有可能，要对自己有所期待，不用被标签束缚。

第三节　考试焦虑：孩子害怕考试怎么办

情景剧场

情景初现

还有一周，六年级的一鸣就要进行期末考试了。成绩一般的一鸣开始陷入考试前的焦虑中。在课堂上提不起精神，总害怕自己有很多知识点记不住，脑海里还出现考砸后被父母不断批评和责骂的场景，回家后也是一直闷闷不乐。离期末

情景剧视频

考试越来越近，那天放学后一鸣终于忍不住跟妈妈说："妈妈，我……我害怕考试！"一边说一边眼泪往下掉。

妈妈听了后怒喝一声，瞪着眼说："你都六年级了，考了多少次试？还害怕考试？别在那里找借口了，有时间就多背两首古诗，多算两道计算题，不然到时候真的考砸了，有你好看的！"一鸣的

内心更加无助、害怕。

（从家长的视角看，一鸣已经经历了多次的考试，现在还说害怕考试，就是找借口不想复习，想给自己考不好找理由。）

孩子内心独白：一想到考试心里就烦躁不安，跟妈妈倾诉却被怒斥，万一真的考砸了怎么办？

（从孩子的视角看，希望妈妈帮他想想办法，怎样做才不会害怕考试。）

> 🔄　读懂孩子，翻转剧情。那我们再来一次吧！

情景再现

还有一周，六年级的一鸣就要进行期末考试了。成绩一般的一鸣开始陷入考试前的焦虑中。在课堂上提不起精神，总害怕自己有很多知识点记不住，脑海里还出现考砸后被父母不断批评和责骂的场景，回家后也是一直闷闷不乐。离期末考试越来越近，那天放学后一鸣终于忍不住跟妈妈说："妈妈，我……我害怕考试！"一边说一边眼泪往下掉。

妈妈听见后，笑着抱了抱一鸣，轻轻地说："其实啊，妈妈小时候也是很害怕考试的，每逢考试前就会很焦虑，总怕自己考不好。但是害怕被你外婆骂，一直不敢说！你比妈妈要勇敢，你敢跟妈妈说出你害怕考试的事，证明你有很大的决心想克服这个困难，会尽全力为这次期末考试做好准备的。"一鸣抬头看着妈妈问："是的妈妈，我很想考好，我真的可以吗？"妈妈笑着说："一鸣当然可以，其实考试的目的不是分数，而是检验这段时间以来你掌握了多少知识，对自己还不理解的知识点查漏补缺。我们只要这样想，心里就没有那么害怕了。"

一鸣一边点头一边说："妈妈，听你这么说，我心里真的没有那么紧张了。"妈妈摸着一鸣的头说："面对考试我们以平常心对待，无论分数多少爸爸妈妈都会支持你的。未来我们会面临更多大大小小的考试，抱着尽力的心态就好，妈妈相信你的努力会有收获的。"

结局翻转

一鸣听后，一直以来烦躁不安的情绪似乎一扫而光，他相信妈妈的话，自己尽力就好，会有收获的。擦干眼泪后，他信心十足地投入复习中。

家长反思

反思一

当孩子跟你求助时，你的第一反应是什么？

_____

_____

反思二

说说情景再现后一鸣妈妈的态度发生了什么变化？这对一鸣来说有什么影响？

_____

_____

养育秘籍

焦虑是什么？

心理学认为焦虑是一种大脑功能障碍，当人们面临不确定的情况时，无法对事情的结果做出判断就会产生焦虑这种非常强烈的情绪状态。

为什么要帮助孩子远离焦虑？

孩子的焦虑在不恰当的家庭教育下会越发严重，从而影响孩子一生的健康成长。在家庭教育中，父母教育对孩子的教养起着重要的作用。

怎样帮助孩子远离焦虑?

樊登著的《读懂孩子的心》书中提到可以利用下列方法有效减轻孩子焦虑情况的出现。

（1）行为奖励。对孩子正确的、正面的行为给予及时的肯定与赞扬，让孩子产生成就感，乐于朝着这个方向继续努力。如孩子能按时起床，父母可以对孩子说这是一个守时的好习惯，人们都喜欢跟有守时观念的人做朋友，守时这个好习惯带来的一系列好处等，孩子对自己拥有这样的好习惯有着满满的成就感，在日常生活中会有意识地继续强化守时带来的满足感。

（2）消除过度的焦虑行为。面对孩子产生的焦虑行为，父母在教育引导孩子的过程中要学会弱化这一状况。如上例中一鸣妈妈的第一反应是嘲笑"六年级的学生还害怕考试"，这一过程无疑是让一鸣加重自己就是害怕考试的心理，给自己"贴标签"，焦虑的情绪只会越来越严重。在情景再现后，一鸣妈妈先"抱了抱孩子"，先舒缓了一鸣紧张、烦躁不安的情绪，然后妈妈说起自己小时候的事，利用转变话题弱化了"害怕考试"这一现状，再慢慢引导一鸣正面认识"害怕考试"是怎么回事，我们应该怎样处理。

（3）管理好自己的焦虑。现今社会节奏越来越快，很多家长都会有不同程度的压力，同时自身也产生了不少的焦虑。但是引导孩子减少焦虑，父母要先给自己"减压"，提高自身的"自控力"。父母要懂得管理自己的情绪，才能给孩子树立榜样，父母还要对自己的情绪给予充分的接纳和理解，孩子才能走向健康、成功的人生。

（4）提高家庭沟通、解决问题的技巧。有调查研究得出，孩子在民主、和谐家庭氛围中长大对他们未来人生价值观的形成有着积极的影响。家庭中产生的问题可以通过沟通、民主的方式来解决，如每周举办一次家庭会议，让孩子可以没有负担地说出心中的所思所想，父母也可以听到孩子的心里话，从而引导孩子解决成长中的各种问题。如一鸣妈妈在情景再现中提到的"无论分数多少爸爸妈妈都会支持你"回应了一鸣焦虑情绪中最大的困惑——害怕考砸后受到父母的责骂。父母的包容让一鸣放下顾虑和不安，同时父母的包容也激发了一鸣的内驱力，让孩子明白：拥有轻松的心态才能更容易获得成功。

亲子时光

活动主题

用魔法打败焦虑。

活动步骤

当孩子在_____（具体的事件，如期末考试、钢琴比赛前感到紧张不安）的时候跟父母一起填写下表。

用魔法打败焦虑

发生的时间	
你在经历的事情	
用2~3个词语描写此刻你的内心感受	
你想最后达到什么成绩（目标）	

真不错，已经抓住了你内心"焦虑"这个怪物！哈哈！

接着把这个怪物画出来吧！

你真棒！接着我们用"勇气""坚持""信心"喷雾剂消灭这个怪物！

最后让爸爸妈妈给你一个大大的爱的拥抱！

成功啦！我们打败了"焦虑"这个怪物！

此刻你的心情：

爸爸妈妈的话：

亲爱的孩子，一起来做深呼吸放松吧，吸气……呼气……（做3~5次）

恭喜你，现在我们拥有了爱的魔法，可以打败这些偷偷跑进心里的"焦虑"怪物！心里舒服很多啦！

第四节　　情绪管理：孩子爱发脾气怎么办

情景剧场

情景初现

小曦是一个三年级的学生，每到周末他最大的乐趣就是要妈妈给他手机玩游戏。今天小曦又要求妈妈给他手机玩游戏，妈妈没有办法，只好耐着脾气哄着他说："小曦，只要你写完作业，妈妈就把手机给你玩好不好？"小曦听后就开始发脾气，大声哭闹，把桌面上的学习用品扔一地，一边哭一边说："不给我玩手机，我就偏不写！"

情景剧视频

妈妈听了怒火更加旺，眼睛全是红光，右手叉着腰，左手指着小曦生气地吼道："你不写作业休想玩手机！看我怎么收拾你！"刚说完，妈妈拿起手边的棍子就把小曦狠狠地收拾了一顿，小曦吓得哇哇大哭，一句话都不敢说。

（从家长的视角看，小曦连作业都不愿意写，就顾着玩手机，不收拾一顿又开始"摆烂"了。）

孩子内心独白：作业太难了，我很多都不会。但是玩游戏后我就会开心很多，做起作业来也能更加有效率。

（从孩子的视角看，妈妈一点都不了解我，作业太难我又不会写，为什么要强迫我写作业！）

🔄 **读懂孩子，翻转剧情。那我们再来一次吧！**

情景再现

小曦是一个三年级的学生，每到周末他最大的乐趣就是要妈妈给他手机玩游戏。今天小曦又要求妈妈给他手机玩游戏，妈妈没有办法，只好耐着脾气哄着他说："小曦，只要你写完作业，妈妈就把手机给你玩好不好？"小曦听后就开始发脾气，大声哭闹，把桌面上的学习用品扔一地，一边哭一边说："不玩手机我就偏不写！"

妈妈闭上眼，强行压抑着内心的怒火，慢慢走到小曦身边，抱着像小猛兽一样的孩子，轻轻地说："妈妈知道的，知道你很想玩游戏，感受赢了游戏后的那一种快乐。我也相信你能够完成作业！"小曦瞪大眼睛看着妈妈，哭声也越来越小，哽咽着说："我觉得玩过游戏后，心情就会好很多，心情一好作业好像……好像变简单了一些。"妈妈摸了摸孩子的头发，安抚着他不安的情绪说道："妈妈没想到是这个原因，刚刚你在发脾气的时候，知道妈妈心里有什么感受吗？"小曦说："我知道妈妈也有点生气，但是你没有骂我。"妈妈听了后笑着说："是的,刚才妈妈的确有些生气,以为你只是为了玩游戏不愿意写作业，原来你学习上遇到这样的困难，妈妈也没有及时发现。小曦，我们一起来想一想，刚刚你用发脾气这种方式有没有解决问题？"

"没有，我现在有些后悔了，不应该提这样无理的要求。"小曦摇着头说，"我听到你说不给我玩，心里就很生气。"

"玩手机游戏的确会获得短暂的快乐，但是这不是不写作业的理由。你发脾气更多是因为作业不会写，那我们应该一起来正视这个问题，解决这个问题，现在妈妈跟你一起先复习学过的知识，然后慢慢完成作业好吗？"小曦听后连忙点着头，把散落一地的作业重新整理好开始学习。

结局翻转

妈妈接纳了小曦发脾气的行为，引导小曦重新认识他发脾气的过程，明白这种消极的情绪不但没有解决问题，反而让妈妈感到了生气。最后妈妈建议帮助小曦把学过的知识复习后再完成作业。小曦要玩手机的欲望在慢慢变淡，与妈妈正在建立一种平等、有效的沟通。

家长反思

反思一

当你面对孩子发脾气时，父母内心有什么想法？

_____

_____

反思二

情景再现后，你认为小曦妈妈的做法对吗？对你有什么启发？

_____

_____

99

养育秘籍

为什么孩子脾气大？

孩子爱发脾气是由于大脑发育不均衡，他的情绪脑比理智脑发育快很多。家长要正视孩子发脾气这一状况，因为这是教育孩子管理情绪的好机会。

接纳孩子的情绪有什么好处？

儿童心理学家黛博拉·麦克纳马拉博士认为，让孩子把脾气发完，而不要试图阻止孩子发脾气，发脾气本身是无害的，阻止发脾气反而可能有害儿童身心健康。发脾气是孩子把情绪外露的一种情况，家长应采用包容、接纳的态度允许孩子这样做，接着利用有效的方法引导孩子认识情绪、管理情绪。

家长怎么做？

（1）引导孩子描述情绪。当孩子发脾气的时候，父母第一时间要引导孩子用语言描述情绪，这是孩子认识情绪、理解情绪的过程。在这个过程中孩子的情绪会逐渐平复下来。如上例中小曦妈妈先自我调节情绪，接纳、认可孩子的感受。著名的教育书籍《正面管教》里提到，"压制孩子发脾气，只能是赢了孩子，无法赢得孩子"。只有当父母的情绪处于一种平和的状态才能更好地与孩子良好地沟通。

（2）引导孩子分析情绪。这一步是要帮助孩子想一想他的情绪从哪里来，怎样才能消除这种负面的情绪。小曦妈妈先轻轻抱了抱小曦，然后再问他玩手机游戏的原因——心情快乐能更容易写作业。看是非常勉强的理由，但是小曦妈妈也接纳包容了。孩子的理智脑尚未发育完整，肯定不能给出一个更好的答案，那父母要怎样做才对呢？

① 正确认识和重视孩子的情绪。碰到孩子不开心的状况，家长要先找到产生情绪的原因，再复述孩子此刻的心情并表示理解，

并约定好下一次出现同样情况时的正确处理方法。

② 教会孩子合理宣泄。当孩子有情绪的时候，家长要教会孩子进行合理的宣泄，如与人交流、运动，甚至大哭都是可以的，而不是一味地制止孩子哭闹，这不利于孩子的身心健康。

③ 教孩子控制情绪的小方法。当孩子不会控制自己的情绪时，家长可以引导孩子深呼吸，或者在一个安静安全的地方待一会儿，或者默数数字，等情绪平复后再去解决问题。

（3）引导孩子反思情绪。引导孩子反思发脾气的过程，会给人造成什么伤害，学习体会别人的感受。同时引导孩子思考：发脾气有没有解决问题？怎样做才能更好地化解矛盾？上例中小曦妈妈的做法一步步地化解了两人间激化的矛盾。

亲子时光

活动主题

当我发脾气后……

活动步骤

请父母陪同孩子填写下面的内容。

当我发脾气后……

在生活中总会遇到不顺心的事，当我忍不住发脾气后，爸爸妈妈会对我说什么？

_____

_____

听了爸爸妈妈的话后，我想对自己说的话。

_____

_____

第五节　睡眠焦虑：孩子害怕一个人睡怎么办

情景剧场

情景初现

小琪最近心情很低落。原因是上周爸爸说她是一年级的小学生了，不应该再跟爸爸妈妈一起睡，要自己睡一个房间。从小就跟父母睡在同一个房间的小琪顿时感到很焦虑不安，一想到要自己一个人睡觉，小琪的脑海里就浮现出漆黑的房间、窗外斑斑点点的光、大风拍打窗户的声音……这一切都太可怕了。小琪哭着跟爸爸说："爸爸！爸爸！我不要自己一个人睡觉，太可怕了！"

情景剧视频

爸爸听了，一脸不耐烦地说："你都 7 岁了，是大孩子了，人家邻居欢欢 4 岁就自己睡一个房间了，看看人家多厉害！哪像你一样！""但是……但是我真的好害怕，特别是晚上窗外的呜呜声好恐怖，房间也黑黑的，什么都看不见！"小琪拉着爸爸的手央求着。爸爸看了她一眼，无可奈何地说："人家都是这样睡觉怕什么，又没有妖魔鬼怪，反正下星期一开始你回去自己的房间睡觉，我还得带弟弟睡觉呢，多累啊！"小琪失望地蹲在地上，一个人默默地流着泪。

（从家长的视角看，小琪已经是 7 岁的小学生了，不能再赖在父母间睡觉，应该学会自己独立睡觉，没什么好害怕的。）

孩子内心独白：我从来没有试过一个人睡觉，窗外的声音太可怕了，房间黑黑的也很可怕，我不要跟爸爸妈妈分开。

（从孩子的视角看，下周开始就得自己一个人睡觉，感觉太可怕了，更可怕的是爸爸一点都不理解她，小琪感觉爸爸不爱她了。）

🔄 读懂孩子，翻转剧情。那我们再来一次吧！

情景再现

小琪最近的心情很低落。原因是上周爸爸跟她说她是一年级的小学生了，不应该再跟爸爸妈妈一起睡，要自己睡一个房间。从小就跟父母睡在同一个房间的小琪顿时感到很焦虑不安，漆黑的房间、外面斑斑点点的光、大风拍打窗户的声音……这一切都太可怕了。小琪哭着跟爸爸说："爸爸！爸爸！我不要自己一个人睡觉，太可怕了！"

爸爸抱了抱小琪，笑着说："爸爸知道小琪的担心，这样吧，我们这个周末先一起来把你的房间布置成你喜欢的样子好吗？"小琪连忙擦干眼泪说："我可以在房间的墙上贴艾莎公主的贴纸吗？然后我想把我的布娃娃全部放在房间里。"

"当然可以，你是这个房间的小主人，可以按你的想法来装扮哦！以后你就拥有自己的小天地，不仅可以在里面学习、睡觉，还可以邀请你的好朋友在里面玩哦！"

"那太好了！但是爸爸，我还是害怕一个人孤零零地睡在房间里。"小琪低声嘟囔着。

"不要担心，每晚爸爸和弟弟会陪着你讲睡前故事，直到你睡着为止再离开。而且我们的房门会一直敞开，爸爸妈妈就在你的隔壁，只要你喊一句，我们就会马上过来的，你看这样好吗？"

小琪听后松了一口气，点着头说："好！我知道你们都在我旁边，我会勇敢尝试一下的！"说完小琪抱紧了爸爸，大家都笑了。

结局翻转

爸爸先接纳小琪的害怕与不安，再与小琪商量如何布置房间，让小琪感受到父母的尊重和包容，感受到成长带来的自由与权利。爸爸的话也帮助小琪解决了她的担心，全家人用行动支持小琪的独立，让小琪感受到满满的安全感。

家长反思

反思一

请父母回忆当年自己第一次独立睡觉的感觉是怎样的？

反思二

情景初现中，小琪爸爸的态度和做法对吗？为什么？

养育秘籍

为什么孩子害怕一个人睡？

著名的人类学专家詹姆斯·麦肯纳教授通过数十年的研究发现：婴幼儿在生物学上习惯性地靠近母亲，母亲的身体是婴儿真正适应的唯一环境。与父母在同一个房间睡觉的孩子生理更稳定，可以促进婴幼儿的情绪健康，减少焦虑和行为问题的出现。因此，父母不宜过早要求孩子分房睡觉。

对小学适龄儿童来说，与父母分开睡觉也是"心理断乳"的一个过程。处于第二发展阶段（6~12岁）的孩子，他们已经基本具备内在的安全感，这个阶段的孩子开始渴望在家里有属于自己的小天地，会独立完成很多力所能及的事情。对个别孩子来说，不敢一个人睡有许多原因，但最主要的原因是缺乏安全感，害怕一个人睡觉会遇到未知的事情。

怎样帮助孩子独立睡觉？

当父母下定决心要孩子独立睡觉的时候，需要耐心地帮助孩子去面对独立睡觉过程中产生的恐惧和担忧，而不是一味地指责和说教。帮助孩子独立睡觉可以参考以下几个建议。

（1）从分床不分房开始。跟父母长期共处一室睡觉，孩子更容易接受分床不分房的安排。对年龄小的孩子来说，采用这种方法进行过渡，更容易逐渐适应。可以先跟孩子商量在父母的房间另外准备一张小床，晚上试着自己睡在小床上进行过渡，到一个月后（或合适的时间段，但不建议过长），父母可以有意识地跟孩子提出分房睡觉的想法，咨询孩子的意见。

（2）陪孩子适应他自己的房间。等孩子愿意尝试独自睡觉的时候，可以与孩子一起把房间装扮成他们喜欢的样子，并告诉他们，以后这就是属于他们的小天地，可以在房间里做自己想做的事情。既满足了孩子的成长需求，同时也为独立睡觉创造了一个舒适的环境。年龄较小的孩子，父母需要坚持每晚陪孩子在房间看书、讲故事，陪伴孩子睡着后再回自己的房间。

（3）分房睡时不关闭两个房间的门。父母与孩子的房门都打开着是非常重要的环节，让孩子感觉虽然分了两个房间，但是还是连在一起，只要孩子说话父母还是听得见的，孩子便会更有安全感。给足孩子安全感是分房睡的最重要的支持，如果孩子因此产生了情绪，父母应该给予安慰和鼓励，切忌消极对待。

（4）给予适当的心理暗示。当父母决定与孩子分房睡觉时，可以利用绘本如《关灯，雷纳德》《第一次自己睡觉》给孩子做心理暗示，也可以把孩子喜欢的玩具或布偶放在床边，当作是父母的陪伴。第二天关注孩子的睡眠质量，对房间温度和环境多加留心。

亲子时光

活动主题

与孩子聊一聊，爸爸妈妈讨论自己当年第一次独立睡觉的情景。

活动步骤

讨论后填写下面的内容。

爸爸妈妈小时候第一次独立睡觉时……

小时候的爸爸妈妈第一次独立睡觉时心里是怎样想的？

当年爷爷奶奶 / 外公外婆是怎样说的？

_____

_____

现在我们跟当年的爸爸妈妈来一次穿越对话，你会对他们说什么？

_____

_____

第六节　　多胎家庭，争宠的小精灵

情景剧场

情景初现

　　小琪今年上二年级，小琪的妈妈在今年生下了妹妹，在全家都为新成员的降临感到开心不已的时候，小琪却有了自己的小小心事。

情景剧视频

　　原来因为妹妹的出生，家里人都围着妹妹转，尤其是以前非常疼爱她的爸爸现在却下班一回到家就忙着照顾妹妹。以前只要爸爸晚上在家，几乎都会陪着小琪玩耍或在小区楼下运动，但现在爸爸却只对年幼的妹妹关怀备至。除此之外，爸爸妈妈也无暇照顾她的学习，每天只是匆匆检查下她的作业是否完成就去照顾妹妹了。

　　这天放学回家，她很开心地从书包里掏出自己在写作比赛中得的奖状给爸爸看，"爸爸你看！这次的写作比赛我拿了一等奖哦！"小琪开心地说。爸爸也笑着说："琪琪，我的宝贝女儿最棒了！"刚拿起奖状还未来得及细看，房间里的妹妹突然哭了起来，

小琪爸爸赶忙放下奖状说："我的琪琪是最棒的，爸爸等会再看。"说完就立刻去照看妹妹了。

这时小琪再也按捺不住心里的委屈，低下头哭了起来："爸爸妈妈的眼里现在只有妹妹了，今天我在写作比赛中得奖，本来想让爸爸奖励陪我一起玩，可是爸爸一听到妹妹的哭声又去忙了，妹妹分走了所有原本属于我的宠爱。"

爸爸妈妈见状，指责小琪："你这孩子，非但不能减轻爸爸妈妈的负担，还给爸爸妈妈添乱，你怎么这么不懂事呢？"

（从家长的视角看，爸爸妈妈觉得小琪已经二年级了，却还与一个刚出生的孩子争宠，是不懂事的表现。）

（从孩子的视角看，孩子希望得到爸爸妈妈的认可，可是爸爸妈妈把所有的注意力放在了妹妹的身上，忽视了小琪，甚至指责小琪不懂事。小琪很失望，并开始讨厌妹妹。）

🔄 **读懂孩子，翻转剧情。那我们再来一次吧！**

情景再现

小琪今年二年级，她的妹妹今年刚出生，全家人都沉浸在妹妹出生的喜悦中。因为妹妹的出生，家人大部分精力都放在妹妹身上，很容易忽视了小琪的感受。了解避免这种情况发生，小琪的爸妈每日轮流陪小琪写作业，陪她一起阅读聊天和谈心，爸爸更是经常陪着小琪在小区做运动。（照顾二宝的同时，不忽视对大宝的陪伴。）

这天小琪放学回来，手里拿着奖状，一路开心地冲向爸爸，爸爸一见到小琪便拥抱住她问："我的宝贝女儿，今天怎么这么开心呀？"（亲切询问，以及拥抱让孩子感受到父母的关爱。）

小琪告诉爸爸自己在学校作文比赛中得了奖，爸爸举着小琪的奖状开心地端详着，脸上满是自豪的表情。

正在这时妹妹爬了过来，爸爸一把抱住妹妹，指着奖状说："今天姐姐在学校的比赛中得奖了哦！我们应该替姐姐高兴，你以后长大也要像姐姐学习，像姐姐一样优秀！"小琪听了很是开心与自豪。（转化教育契机，树立榜样作用，激起孩子自身的责任感。）

结局翻转

小琪听了爸爸对妹妹说的话，倍受鼓舞，默默地在心里想，她要更加努力学习，成为妹妹的榜样。

家长反思

反思一

情景初现中，小琪父母的做法有哪些不妥之处？

_____

_____

_____

反思二

在多胎的养育过程中，你是否有忽略过大宝的感受？如何平衡自己在孩子间的关注力？

_____

_____

_____

养育秘籍

多胎家庭，如何减少孩子之间的差别对待？

父母在教导和养育子女时会因自身特定的思维惯性有一套自成体系的行为模式。比如说会因二胎的年龄较小而更加偏爱，或会把大宝年纪较大作为减少对其陪伴的托词。这让很多二孩家庭中的幼子幼女凭借父母之宠爱变得愈加任性，大娃则责任感过重，压抑自己的表达，呈现消极的心理状态。所以父母对两个孩子进行养育教导时，应注意运用科学的教养手段，有原则且不偏袒，这样才能让两个孩子健康成长。以下提出三点建议。

（1）家长对待孩子的教育应该秉持公正的思想态度。

（2）适当表达爱意，父母要平衡对两个子女的关怀程度。

（3）调整教养行为，应该时时关注、主动听取孩子的意见。

父母要平衡对两个子女的关怀程度，不要出现过于宠爱其中某一个子女的行为，而且父母需要将对子女的情感适度表达出来，让孩子能够切身体会到父母的爱护。如果子女能够感知到父母对其深切的爱，内心就会充满安全感，也就不会计较父母在行为上对两个孩子照料的不同。[1]

榜样作用，如何让孩子体验自我价值的实现?

家庭模式中，父母是主要的教育责任体，随着另外一个孩子的出生，我们将面对新的家庭结构，家长可以趁机因时制宜，把握家庭模式下的教育契机，发挥最大的家庭教育功用。长子长女养成良好的行为习惯会对幼子幼女起到榜样示范作用，由大带小也会减轻父母的教养压力。[2]

家长可以让大宝参与到二胎子女的照看和教育中，在日常生活中关心、爱护二胎子女，在读书、学习中帮助二宝，像情景再现的小琪爸妈一样，让二宝以大宝为榜样。这样一来，大宝心里就会产生强烈且发自内心的荣誉感，从而更加深化自己的责任意识，关注自己的一言一行，与弟弟或妹妹建立亲密而健康的关系。作为家长，我们在教育的过程中也能够省去很多精力，从而让大宝在生活中体验自我价值感的实现，增强其对小宝的接纳程度以

[1][2] 但菲，郝爽，许智 ."全面二孩"背景下二孩家庭父母教养行为调查研究 [J]. 沈阳师范大学学报（社会科学版），2019.

及亲密程度，有利于家庭亲子关系的和谐发展。

亲子时光

活动主题

与孩子一起做一份成长记录卡。

活动建议

（1）由大宝记录自己弟弟（妹妹）的趣事，或自己的感受，爸爸妈妈阅读后一起交流探讨。

（2）大宝与二宝的成长记录卡

日　　期	事　　件	爸爸妈妈读后感

第七节　亲子沟通：好的关系大于一切

情景剧场

情景初现

小旭放学后垂头丧气回到了家。爸爸妈妈发现小旭的情绪不对劲，于是爸爸问："这小子又闹什么毛病呢？"妈妈摇摇头说："不知道呢。"

妈妈递给小旭一个水果："小旭来吃个水果。"

小旭嘟着嘴，摇摇头说："心情不好，不吃了。"

妈妈担心地问："怎么了？今天在学校发生什么事了吗？"爸爸在一旁附和道："小孩子能有什么大事？不吃就不要吃了，惯得一身臭毛病！"

情景剧视频

听了爸爸的话，小旭把嘴巴闭得紧紧的，低下了头，觉得很委屈。

小旭心中委屈地想：今天在学校和小伙伴闹矛盾了，他说不再和我玩了，我很伤心，本来想询问爸爸妈妈解决办法，没想到他们以为我没事就只会闹情绪，太难过了。自己有烦心事所以吃不下，爸爸不但不理解我，反而还要指责我，多希望爸爸妈妈能听听我内心的声音。

（从家长的视角看，孩子年纪还小能有什么事？耷拉着脸干吗呢？整天心思不放在学习上。）

（从孩子的视角看，孩子有自己的烦心事所以吃不下东西，但是爸爸不理解他，反而指责他，孩子希望父母能听听他们内心的声音。）

读懂孩子，翻转剧情。那我们再来一次吧！

情景再现

小旭放学后垂头丧气地回到了家。妈妈发现小旭的情绪不对，于是拉着爸爸说："孩子应该是在学校遇到什么不开心的事了。"爸爸也若有所思地点了点头说："估计是，我们得关注一下。"（关注到孩子情绪的异常。）

于是，爸爸问小旭："宝贝儿子，今天在学校是遇到了什么烦

心事吗？怎么一放学回家就把自己关在房间里呀？如果在学校遇到了难以解决的事情可以分享给爸爸妈妈听，也许我们能帮忙处理呢。"（亲切询问孩子情绪异常的原因。）

小旭见状，委屈地向爸爸妈妈讲述了在学校与同学小梁发生的事情："我昨天在学校答应好和同学小梁交换了值日，可是我来迟了，没有打扫卫生，结果老师发现清洁没有做好后，直接点名批评了小梁，小梁事后很生气，说再也不和我这样不守信用的同学玩了。"

爸爸妈妈抚摸了小旭的头："爸爸妈妈相信你不是故意忘记的，但你既然答应了小梁要帮他做值日，而后又没有做到，小梁因此受到批评，如果换成你是小梁，你会开心吗？他心里肯定也像你一样觉得委屈呢。"（给予安慰的同时，也指出问题的所在。）

小旭噘了噘嘴说："爸爸妈妈说得对，我只觉得自己委屈，但没有想到别人也会委屈，那我应该怎么办呢？"

爸爸说："你明天先去找小梁，跟他道歉，然后向老师说清楚事情的原委。你应该勇于承担自己的错误，这样才能解开矛盾，相信小梁也不会再责怪你的。"（安抚孩子情绪，与沟通一起商量解决办法。）

小旭点点了头，听了爸爸妈妈的开导，很是安心，心中的阴霾散去。

结局翻转

小旭回到学校后，听取了爸爸妈妈的建议顺利解决了与同学之间的小矛盾。

家长反思

反思一

你的孩子在家有类似的情况吗？你当时是如何处理的？

反思二

对比两次情景的结果，你有哪些启发呢？请写下来。

养育秘籍

为什么要给孩子独立自由的空间？

我们平时误以为对孩子最好的爱就是亲密无间，恨不得一天24小时将孩子的一言一行掌握在自己的视线所及范围内，但这样过度地掌控往往会使孩子失去行为空间和心理空间，从而孩子感受到行为受限与不自由，逆反心理会增强。因此，留给孩子一定的自由支配时间和自由活动空间，更有利于孩子的身心健康发展，减少亲子之间的矛盾冲突。

如何明白和满足孩子的心理需求？

倾听是一种艺术，也是一种学问，做父母的习惯性认为自己的看法是正确的，这是不对的。在和孩子进行沟通之前，我们首先要倾听对方的意见与看法，了解孩子心中真正的想法，再提出自己的意见，这样做有利于达到沟通的目的，在明白和满足孩子的心理需求后，孩子也更容易接受你所说的话语，拉近彼此间的距离。

倾听孩子说话也是有技巧的，在与孩子交流时，家长需要放下自己的主观想法，专注地倾听孩子阐述的事实和内心的感受。倾听的时候家长的肢体语言也会反映自己的态度，倾听时眼睛要看着孩子，如果孩子说的事情或表达的感受是错误的，家长也不要急于打断、责备孩子或进行主观臆断和说教。父母是孩子的最佳听众，当孩子感觉到自己的情感被重视和接纳时，会更乐于跟父母分享和表达，形成孩子爱说，家长善听的一种良好氛围。

如何掌握与孩子谈心的技巧？

（1）要调整好沟通的心态。

（2）要掌握谈心的火候。

（3）要找准谈心的话题。

（4）要选择好谈心的场所和时间。

亲子时光

活动主题

多陪孩子做些事情。

活动建议

（1）每周末挑出一天陪孩子进行"一周亲子"游戏，如"两人三足""枕头大战"等。

（2）每天抽时间跟孩子进行一些需要亲子间协调的小运动，如传球、接力赛跑、"你爬我滚""神龙摆尾"等。

（3）饭桌小论坛。我们的每日餐桌上可以谈什么呢？可以与孩子站在同一个角度平等地去探讨一些他们感兴趣的话题。可以谈谈国家大事、体育赛事、各地趣闻等。对于年纪稍长的孩子，家长可以和孩子分享在单位所遇到的挑战和困难，让孩子学习理解成人在工作时所付出的心血，这有助于帮助孩子增长社会经验。

第八节 规则教育：活在对错的世界里

情景剧场

情景初现

六年级的小琪今天有点不开心，原因是今天在语文检测中，同桌欢欢示意她把最后选择题的答案告诉她，小琪并没有理会，欢欢不太高兴。放学的时候，欢欢把小琪桌子上的笔碰到在地上，摔断了。

情景剧视频

回到家，妈妈正在做饭，小琪实在忍不住，把事情告诉了妈妈。

妈妈头也不抬，把小琪拉开："不就是让你告诉她答案吗？你告诉她就行啦。反正不会做题的是她，你这孩子怎么这么较真呢？你不去偷看别人的就行啦！"

小琪气嘟嘟："可是她还故意把我的笔摔断了！"

妈妈不耐烦："一支笔要几块钱，你这孩子。同学之间要宽容，何况你怎么知道人家是故意的呢？你这么斤斤计较，以后怎么会有朋友呢？"

"总是要我宽容，我就这么倒霉吗？"小琪气急败坏地走出去了。

（从家长的视角看，这孩子与人相处太爱较真，比较小气，不懂宽容，以后会没有朋友。）

（从孩子的视角看，妈妈一味要自己宽容，却不分对错，也不关心自己的情绪。）

> ↻ 读懂孩子，翻转剧情。那我们再来一次吧！

情景再现

六年级的小琪今天有点不开心，原因是今天在语文检测中，同桌欢欢示意她把最后选择题的答案告诉她，小琪并没有理会，欢欢不太高兴。放学的时候，欢欢又把小琪桌子上的笔碰到在地上，摔断了。

回到家，妈妈正在做饭，小琪忍不住把事情告诉了妈妈。

妈妈连忙关掉燃气，把小琪带到客厅，让孩子把事情再重新讲一遍。（妈妈知道负面情绪要及时宣泄出来，而情境复述是一种有效的方法。孩子在复述中，情绪也会得到一些释放。）

听完女儿的叙述，妈妈说："欢欢让你在考试中把答案告诉她，这种行为是不对的，这样做对她没有什么好处，还容易养成考试作弊的习惯。"（帮助孩子明确遵守规则的重要性，以及不遵守规则所带来的后果。）

小琪点点头："我也是这样认为的，毕竟考试作弊就不对！老师说做人要守规则，讲诚信！"

"是的，你没有理会她是对的。"妈妈继续说，"她放学后摔断你的笔也是不对的，她向你道歉了吗？"（耐心引导孩子分析过程中的对与错。）

"没有，她头也不抬就跑掉了！"小琪依然很气愤。

"那还是她不对！你明天要找她，让她向你道歉，并且你有权利让她赔一支笔给你。"（给孩子提供一些必要的方法的指导。）

"可是妈妈，我这样做会不会太较真了？毕竟一支笔也不需要几块钱。"

妈妈意味深长地说："孩子，这不是较不较真的问题，而是做错事就要勇于承担责任。她伤害了你，你有权利追究责任，要求她道歉，这是原则问题，也是人和人之间的相处之道。"（进一步让孩子明晰规则意识的重要性，认同、接纳并形成正确的是非观念。）

"好的，我也要告诉她考试作弊是不对的！"

"是的，人际交往有一定的规则，对和错也有一定的判断标准。"妈妈总结道。（孩子规则意识的形成经过了从他律到自律的过程，树立正确的社会观。）

结局翻转

第二天放学，小琪告诉妈妈，经过沟通，欢欢就昨天的事情向她道歉了，并且要赔她一支新笔。不过小琪没有要，她说："欢欢很诚恳，我决定宽容她。"

妈妈说："你愿意宽容，我很高兴，当然最重要的是你自己开心！"

家长反思

反思一

情景再现中，妈妈的做法有什么不同？你同意要引导孩子"宽容待人"吗？

_____

_____

_____

反思二

假如你是欢欢的家长，你会如何引导孩子在考试作弊这件事情上的是非观呢？

_____

_____

_____

养育秘籍

什么是规则意识？

是指发自内心的、以规则为自己行动准绳的意识。孩子规则意识的形成经过了从他律到自律的过程，是儿童对成人制定的规则逐渐认同、接纳并最终内化的结果。

这个定义的重点在于"他律到自律"的过程，规则认同、接纳并最终内化。

什么是规则教育？

是对受教育者专门施加有关规则方面影响的过程，最终达到人人都去遵守规则。比如学校的规则教育是让学生在一定的教育教学情境中通过教育的手段由不自觉变为自觉、由他律变为自律。在本案例中，"考试不准作弊"就是一种规则教育，欢欢没有自觉遵从，而小琪在这种规则中已经形成正确的是非观。而在人际交往中，也有要遵从的规则，比如犯了错要主动道歉等。

如何培养孩子树立正确的是非观？

（1）家长要有正确的是非观，不要因为种种情绪问题，或者出于人情世故的考虑，一味和稀泥。对于学校规则、人际交往规则等原则性问题，要旗帜鲜明地指出来，让孩子形成正确的是非认知，不要模棱两可。帮助孩子树立正确的是非观，是培养孩子健全人格的基础。本案例"情景初现"中的妈妈，遇到事情不问对错，不讲规则，一味让孩子做"老好人"，要"宽容"别人，这其实就是对孩子情绪的一种压制，这是不对的。这样观念下培养的孩子，不仅会缺乏正确的是非观，甚至会影响孩子的终身发展，导致孩子习惯委曲求全，性格懦弱。

（2）要站在孩子的角度去思考问题，善于倾听孩子的内心诉求，让孩子觉得父母对他们情绪问题很重视。并引导孩子找到问题根源，协助孩子寻求有效的解决办法。在本案例"情景初现"中，妈妈一味要求孩子"宽容"，其实是一种"道德绑架"，没有真正解决孩子心中的困扰。家长对孩子如果缺乏耐心，势必导致孩子更加茫然失措。

（3）当孩子有了正确的处理方式时，要给予充分的理解和及时的肯定，并且善于引导孩子从日常的小事中，找到是非问题，及时进行思考分析和交流沟通。只有在有意识的规则教育下培养的孩子，才能逐步具备正确的是非观，从而具备健康独立的人格。

亲子时光

活动主题

分析对与错。

活动步骤

（1）结合下表中的具体情境，和孩子一起分析交流其中的对与错。

（2）整理成文字之后，记录下来。

（3）再和孩子一起沟通，找到最适合的解决办法，和孩子一起完成。

具 体 情 境	爸爸或妈妈看法	孩子看法	解决办法
表妹每次来我家，妈妈都会让我拿出最喜欢的玩具给她玩，有时候表妹把玩具弄脏了也不说她，因为她是"客人"			
在家里妈妈总是让我看书，不让我玩手机，因为手机看多了会伤害眼睛，会使注意力下降。可是爸爸一回到家，除了吃饭睡觉就是拿着手机玩游戏			

第九节　师生关系：帮助孩子建立好的师生关系

情景剧场

情景初现

一天傍晚，小琪妈妈刚下班回到家，就收到语文老师发来的信息，内容是：小琪今天语文课不认真听讲，还扭头跟她同桌窃窃私语，不仅影响了自己，还影响了同桌上课。小琪作为班里的小班长，不以身作则管住自己，怎么树立威望去管别人呢？我今天已经批评她了，请小琪妈妈今晚配合管教好自己的孩子。

情景剧视频

　　看完信息的小琪妈妈，刚好看到女儿小琪垂头丧气地回到家，还满脸委屈。一向威严的小琪妈妈气不打一处来，没等小琪说话，便指着小琪的鼻子开始噼里啪啦地批评，"暴风雨"后，小琪一声不吭，委屈地跑到书房关起了门。

　　然而小琪妈妈的火气一点没消，敲开了小琪的房门，又继续数落她上课不应该讲话，还给了她一顿"藤条焖猪肉"，小琪哇地大哭起来。"你还好意思哭，上课不听讲还讲话！不尊重老师！不守课堂纪律！"妈妈说着又狠狠地揍了小琪一顿。

　　（从家长的视角看，小琪上课不认真听讲，跟同学乱讲话是错误的行为。一是不遵守纪律，二是不尊重老师，三是影响了别人，必须狠狠地批评惩罚。）

　　孩子内心独白：今天上语文课的时候，同桌有一个问题没听懂便请教我，结果被语文老师误以为是我上课乱讲话，于是当着全班同学的面狠狠地批评了我，我非常不开心。而更令我伤心的是，妈妈问都不问清楚原因又批评了我，还对我大打出手。

　　（从孩子的视角看，老师没调查清楚就批评我，不仅误会了我，还误导了妈妈，这降低了老师在我心目中的地位，我以后再也不相信老师了。）

　　🔄　**读懂孩子，翻转剧情。那我们再来一次吧！**

　　情景再现

　　一天傍晚，小琪妈妈刚下班回到家，就收到语文老师发来的信息，内容是：小琪今天语文课不认真听讲，还扭头跟她同桌窃窃私语，不仅影响了自己，还影响了同桌上课。小琪作为班里的班长，不以身作则管住自己，怎么树立威望去管别人呢？我今天已经批评她了，请小琪妈妈今晚配合管教好自己的孩子。

小琪垂头丧气地回到家。吃晚饭的时候，小琪的妈妈装作不知道这件事情，试着问女儿发生了什么事，可孩子就是不吭声，好像心中藏了不可告人的秘密。

小琪妈妈还发现，女儿写作业的时候在发呆。她趁机让孩子早点儿休息，孩子被妈妈的关怀所感动，忍不住流下泪水告诉了妈妈缘由。（关心孩子，让孩子信任父母，从而走进孩子的内心世界。）原来今天上语文课的时候，小琪的同桌有一个问题没听懂，便请教她，结果被老师误以为是小琪上课乱讲话，于是当着全班同学的面狠狠地批评了她。

听了女儿的话后，妈妈安慰小琪："老师没有看到同桌先讲话的，却刚好看到你讲话了，而且当众批评你，冤枉了你，你当时一定很委屈，换作是妈妈也会生气。现在你这么生气，需要妈妈怎么帮你呢？要不要妈妈出面和老师沟通一下呢？"

小琪听着妈妈的安慰，抹掉了眼泪。还没等小琪点头，妈妈把孩子抱在怀里继续说："孩子你知道吗？在这个世界上，唯一一个跟与你没有血缘关系，却愿意为你的进步而高兴，为你的退步而着急，想你做好班长的榜样，并满怀期待助你成才且无怨无悔的人，你知道是谁吗？没错，就是老师呀。当老师错怪你时，要谅解老师是出于'恨铁不成钢'的心理而非恶意。"（第一段话先跟孩子共情，看到孩子的情绪，回应孩子的情绪。第二段话主动消除孩子对老师的反感。）小琪妈妈琢磨着要不要跟老师说明事情的真相。虽然老师批评学生是常见的教育现象，但如果老师错怪了学生，任何批评都是一种伤害。

晚上，小琪妈妈给语文老师发了一条短信，把女儿当天上课的情况如实告诉了老师。（积极沟通，消除误会。）

结局翻转

第二天，小琪妈妈送女儿去学校，语文老师刚好在学校门口值勤，老师主动向小琪妈妈说明了自己在课堂上的疏忽，并说已经把事情调查清楚了，还主动向小琪道了歉。这件事情发生之后，语文老师不但没有在小琪心中失去威信，还得到了小琪同学和家长的信任及赞赏。

家长反思

反思一

当孩子被老师误会时，你作为家长是怎么想的？又是怎么做的？

_____

_____

反思二

情景再现中，小琪妈妈的做法有什么不同？效果如何呢？给了你什么启发？

_____

_____

养育秘籍

建立良好师生关系有哪些重要性？

良好的师生关系是孩子爱上学习的催化剂。师生关系是孩子在学校人际交往中的第一个关系，它对孩子的情绪、行为、价值观等都有着非常重要的影响，也有研究数据表明，师生关系对学生学习成绩的影响是非常显著的。当教师对学生认识上出了偏差，错怪了学生，固然很容易引起学生对教师的反感，但如果学生对这种反感不加克制，而听任情绪随意发展的话，则往往会加深孩子对教师错误的看法。师生间相互错误认识的恶性循环，往往会导致师生关系的恶化，使教育难以进行下去。

如引导孩子建立良好的师生关系有哪些方法？

第一，父母要理智，不可意气用事。老师错怪了孩子，孩子受了委屈，肯定会有情绪，但家长不能因此气急败坏，甚至找老师算账，为孩子出气，而应冷静思考其中的原因。

第二，父母要耐心地倾听孩子的诉说。因为孩子受了委屈后，会有一种想向家长倾诉的欲望，他们希望通过向父母申辩来说明事情的原委，并希望得到家长的认同与支持，他们也希望通过向家长诉说来宣泄自己的委屈和不满。这时候，家长不可武断地对孩子的陈述和申辩下结论。

第三，父母要及时疏导孩子的情绪。懂得和老师沟通，把真相一五一十地告诉老师，还孩子一个清白，这是很好的人生教育。父母可以打电话向老师直接陈述，也可以通过手机短信、微信等方式告诉老师。一般情况下，大多数老师都会亲自去调查事情真相，给家长和孩子一个满意的答复，也会主动向孩子道歉。

第四，父母要教育孩子尊敬老师，多给孩子讲教师职业光荣、崇高的道理。教师职业是很辛苦的，往往付出、牺牲得多而回报较少。作为学生，应该用尊重的态度和好的学习成绩来回报老师。父母要帮助孩子去除对教师的生疏感、惧怕感，引导孩子主动亲近老师，体会教师对自己的期望，产生与教师情感上的共鸣，实现老师对自己的殷切期望。比如，父母可以教给孩子一些处理师生关系的方式与技巧，见到老师主动问好，遇到事情多向老师请教，节假日为老师制作精美的贺卡，主动帮助老师，主动向老师表达自己的想法等。

最不可取的做法是家长和孩子一起抱怨老师、抱怨学校，甚至有的家长投诉老师、投诉学校，自己的情绪比孩子更强烈，与孩子的消极情绪相互激荡、持续发酵，进而引发孩子对老师和学校的更大的不满。可想而知，孩子在这样的情绪状态下，学习成绩不理想也将是必然结果。良好的师生关系对孩子的一生都将起着重要的正面导向作用。因此作为家长，有责任积极搭建好老师和孩子之间沟通的桥梁，帮助孩子与老师建立良好的互动关系，帮助孩子更加自尊、自信、自爱，健康和快乐的成长。

亲其师才能信其道。如果希望孩子身心健康、学习进步，良好的师生关系是关键和基础。而当孩子在师生关系方面出现障碍时，家长的耐心倾听、理性分析和正向疏导是有效的化解障碍、构建良好师生关系的手段。

亲子时光

活动主题

制作礼物卡片送给老师。

活动步骤

（1）画一画：由孩子主笔涂鸦，画出老师在孩子心目中的样子。

（2）写一写：写下老师的优点，写下节日里对老师真诚的祝福。

（3）讲一讲：讲述老师的关心，引导交流老师关心孩子的点滴。

完成前面步骤，可先列提纲。

活动步骤	提　　纲
（1）画一画	老师的样子是：
（2）写一写	老师优点有： 祝福语是：
（3）讲一讲	关心的时间： 关心的言行： 关心的事件：

125

第十节　　社会理解：帮助孩子提高社交能力

情景剧场

情景初现

华华今年二年级，学习成绩挺好，就是平时傲气十足，对同学不屑一顾，总是认为自己比别人聪明一些。与同学在一起时常常趾高气昂、指手画脚，如果同学不接受他的意见，他就大发脾气，这导致华华在班级里备受冷落，没有人愿意和他交朋友。

情景剧视频

这天，华华的父母接到班主任的反馈：班里的乐乐画了一幅画，华华嘲笑乐乐画得丑，乐乐批评华华没礼貌。华华不甘示弱，用拳头打了乐乐，导致乐乐受伤。听到这个消息，华华的爸爸顿时火冒三丈，恶狠狠地把华华痛打一顿，华华记恨在心。第二天，华华爸爸又收到班主任的信息：华华又和乐乐打了一架。

（从家长的视角看，孩子目中无人，用拳头打人是错误的行为，品德素质有待提高，只有狠狠地揍一顿才能长记性。）

孩子内心独白：我不懂得怎么样和同学们和谐相处，有时候想表达的却词不达意，经常得罪同学们。我也不想这样，但是爸爸连问都不问就打了我，我好难过。如果有人帮助我提高和他人的交往能力，让同学们接纳我、喜欢我，那肯定不会发生这种打架的行为。

（从孩子的视角看，对别人指手画脚是因为他不会与别人相处，与别人打架是因为情绪管控能力弱，与他人的交往能力差。）

🔄　读懂孩子，翻转剧情。那我们再来一次吧！

情景再现

华华今年二年级，学习成绩挺好，就是平时傲气十足，对同学不屑一顾，总是认为自己比别人聪明一些。与同学在一起时常常趾高气昂、指手画脚，如果同学不接受他的意见，他就大发脾气，这导致华华在班级里备受冷落，没有人愿意和他交朋友。

这天，华华的父母接到班主任的反馈：班里的乐乐画了一幅画，华华嘲笑乐乐画得好丑，乐乐批评华华没礼貌。华华不甘示弱，用拳头打了乐乐，导致乐乐受伤。

华华刚回到家，爸爸蹲下身问他："你觉得乐乐画的画很丑，对吗？"（蹲下身与孩子平等对话，认真倾听并且和孩子确认事实，顺利打开话匣子。）"没错，我说的是事实！"华华豪横地回答。

"我也同意你的说法，但是如果是你画了一幅画，不小心画丑了，你是想得到别人的嘲笑还是得到别人的鼓励呢？"爸爸试探性问着。（肯定孩子的想法，耐心引导孩子进行换位思考，培养同理心。）"那当然是希望别人鼓励我，让我继续有信心画下去啊。"华华大声说。

"既然如此，那乐乐不小心画丑了，他是不是也希望得到大家的鼓励呢？"爸爸不紧不慢继续追问着。（共情回应孩子的感受和情绪，并再次进行换位思考的练习，让孩子更加懂得站在别人的角度思考问题。）

"我……爸爸，我知道错了。"华华羞愧地低下了头。

爸爸语重心长地说："华华，无论做什么事情，说什么话，都要懂得换位思考，善于照顾他人的感受，才能更好地把握与别人交往中的分寸。要想别人喜欢和你交往，首先要尊重他人，指出别人问题时要含蓄委婉。"

"那我应该怎么说呢？"华华好奇地问。

你可以这么对乐乐说："你的画比上次进步太多了，你是怎么做到的呀？我好想跟你学画画呀。但有一个问题我想虚心和你探讨下，这几朵花如果涂成粉色会不会更衬托出春天的美丽呢？"（在耐心对话中潜移默化地提供方法指导，平时说话要懂得先扬后抑，要虚心请教与注意礼节。）

"爸爸，我明白了，这样说不仅尊重了他人，还委婉地说出了别人的问题，别人也不会恼羞成怒了。"

"是的，"爸爸斩钉截铁地说道，"这样你们就不会为这个问题而大打出手了，只有真诚地关心他人，才能获得真诚的友谊，才能像个'小太阳'般能够给人带去温暖。"（引导孩子尊重他人，当孩子表现出礼貌的行为时，要予以及时的表扬和鼓励，大大提高孩子社交的兴趣和信心。）

结局翻转

华华在爸爸的引导下，改变了自我为中心的交往观念，在人际交往中学会运用转换角色的方法，站在别人的立场思考问题，懂得了体会别人的感受。他和乐乐和好如初，也像个小暖男那样去关心帮助周围的同学，大家也渐渐地喜欢和华华做朋友了。

家长反思

反思一

当孩子跟别人打架时，你是怎么想的？又会怎么做？

_____

_____

反思二

除了以上的引导方法，你还有哪些途径帮助孩子提高社交能力？

_____

_____

养育秘籍

为什么要提高孩子的社交能力？

教育的最终目的是让孩子能够融入社会，能够有幸福生活的能力。如果站在这个角度来思考，社交能力的重要性就不言而喻了。

对于孩子来说，社交能力是未来进入社会的必备技能，需要让孩子生活在有互动、有温度的环境中。如此一来，他们的沟通能力、认知能力、组织协调能力、应变能力等都将得到很好的发展。

同时，良好的社交关系有助于增强孩子与他人的相互交往、相互了解、相互帮助；有助于激发他们的潜能，强化积极向上的进取意识；有助于培养其重友谊、重情感，热情、开朗、坦诚等美好性格。

如何帮助孩子提高社交能力？

（1）提供良好的社交礼仪教育。我们每个人沟通和人际交往的方式最初的形成都是模仿父母，所以家长首先要自我检查，我在与他人沟通、传达旨意的时候，是不是有足够的真诚和尊重？还是强势如发号施令。父母永远是孩子的第一任老师，如果父母在交往中能够向孩子展现宽容、帮助、分享、真诚、诚实等受欢迎的人际特质，孩子一定也可以做到。父母应该让孩子学会"懂礼貌"。表现出有礼貌，既是一种积极的社交技巧，也是良好教养的标志。家长在教养过程中，要引导孩子尊重他人，在适当的时候说"请""谢谢"和其他礼貌用语，家长自身也要做到严于律己，为孩子做出榜样。当孩子表现出礼貌的行为时，要予以及时的肯定，加强正面记忆。

（2）培养出孩子的同理心。敏锐地感知别人的快乐与悲伤，并愿意表达自己的善意，这样的孩子在人际交往中怎么会不受欢迎呢？培养孩子的同理心，首先需要父母保护孩子天性中纯真、善良的珍贵品质，同时引导孩子换位思考。多进行换位思考的练习，会让孩子更加懂得站在别人的角度思考问题。

（3）给孩子创造丰富社交环境。父母要想方设法为孩子搭建社交平台，多为孩子创造社交机会。通过这样的活动，培养孩子宽广的心胸，扩大孩子的视野，让孩子爱上外面的世界。带孩子参加成年人的聚会，都是在帮助孩子创造社交环境。家长在此时教孩子如何待客、如何帮助别人、分享玩具，带领孩子离开家庭的舒适区，在大自然中撒撒野，孩子的心胸就很容易向外敞开。这时，孩子就会主动与他人接近，尝试与他人建立关系，并表达真实的情感。如果孩子把食物和玩具分给其他小朋友，家长要及时给予表扬和鼓励，这样可以大大提高孩子社交的兴趣和信心。

亲子时光

活动主题

邀请同学、朋友参加生日派对。

活动步骤

（1）让孩子亲手写生日派对邀请函，并亲自交到受邀请的同学、朋友手上。

（2）家长组织游戏，例如搭积木，让孩子们在团结协作中完成，从而增进友谊。

（3）与孩子一起唱生日歌，一起许愿，一起吹蜡烛，习得基本的社交礼仪和准则。

第十一节　生命来源：回答孩子"我从哪里来"

情景剧场

情景初现

小瑶是一个活泼可爱的女孩子。有一天老师讲到，宝宝是从妈妈肚子里出生的，小瑶好奇起来，家里从来没有讲过这件事。

回到家，小瑶有点好奇地问爸爸："爸爸，我是怎么来的呀？"

情景剧视频

小瑶爸爸听了这个问题有点不好意思，心想孩子还小，谈性的问题还太早，会把孩子带坏，反正等她长大了就懂了。爸爸看见垃圾桶随口说道："你是爸爸妈妈从垃圾桶捡来的。"

小瑶听了不敢置信地问："真的吗？"

小瑶爸爸开玩笑地说："当然了，难道爸爸妈妈骗你吗？那肯定是真的。"

小瑶听了撇撇嘴，不说话了。

从此以后，小瑶变得没那么活泼，和爸爸妈妈也没那么亲近了。

（从家长的视角看，孩子还那么小，不好意思和孩子谈出生孕育的事情，以前自己的父母也羞于谈性，现在自己也不知道怎么跟孩子谈这个话题。）

孩子内心独白：我不是爸爸妈妈生出来的，我该怎么办呢？我觉得好害怕。

（从孩子的视角看，不知道自己从哪里来，孩子会觉得家庭不能给他安全感和归属感，从而导致孩子产生不安情绪甚至出现心理阴影。）

🔄 **读懂孩子，翻转剧情。那我们再来一次吧！**

情景再现

小瑶是一个活泼可爱的女孩子。有一天老师讲到，宝宝是从妈妈肚子里出生的，小瑶好奇起来，家里从来没有讲过这件事。

回到家，小瑶有点好奇地问爸爸："爸爸，我是怎么来的呀？"

小瑶爸爸听了这个问题说："让爸爸妈妈来告诉你吧。小瑶，你知道小鸡是怎么生出来的吗？"（认真倾听孩子的问题，看到孩子的疑惑，当孩子遇到问题时家长认真对待，有助于提升孩子的安全感。引导孩子对学过的知识进行迁移，重视孩子的思考过程。）

小瑶高兴地说："小鸡是鸡妈妈孵蛋，鸡蛋破了，小鸡宝宝就出来了。"

小瑶爸爸说："说得没错，那你知道小狗是怎么生出来的吗？"（寻找共同点，耐心引导孩子的思考。）

小瑶回答："小狗是狗妈妈大肚子后，生出来的。"

小瑶妈妈说："对呀，小瑶你真聪明，动物宝宝都是从蛋里孵出来或者从妈妈肚子里生出来的。"（认真倾听孩子的回答，鼓励孩子积极思考的行为。）

小瑶问："妈妈，老师说我们是妈妈生出来的，对吗？"

小瑶妈妈点点头说："对呀，你是从妈妈肚子里生出来的，要十个月呢。妈妈的肚子上，还留有你出生时候的痕迹呢。"（倾听孩子的问题，分享自己的经历，让孩子有体验感和参与感。）

小瑶看了看妈妈的肚子，不敢置信地问："我在这里住了十个月呀。"

小瑶爸爸说："对呀，你在妈妈的肚子里住了十个月呀，妈妈可是很辛苦把你生出来的。"（用第三者的角度讲述孩子出生的过程，明白自己的出生不易。）

小瑶感动地问："那我是怎么进去的呀？"

小瑶妈妈说："有一个卵子在妈妈的肚子里成熟时，刚好有精子也在爸爸肚子里长大了。如果爸爸妈妈特别要好的时候，卵子和精子就会在一起玩耍，最后结合在一起，就是你很小的样子了。接着我们要很小心地照顾妈妈肚子里的你，你才能长到出生的时候，再从妈妈的肚子里出来，变成小宝宝，然后慢慢地长大成现在的小瑶了。"（用孩子能听懂的话讲述生命的孕育过程，让孩子对自己的出生有明确的了解。）

小瑶惊讶地说："哇，原来我是这么出生的。"

小瑶爸爸说："所以我们要好好地爱护妈妈，生宝宝可是很辛苦的。"（引导孩子的进行换位思考，了解母亲孕育的伟大。）

小瑶抱着妈妈大声说："我知道了！"

小瑶妈妈说："小瑶，你也知道生宝宝不容易了，所以女孩子一定要学会好好地爱护自己，保护自己哦。爸爸妈妈都是很爱你的。"（让孩子感受到家长的爱和关心，帮助孩子认识到自己的重要性。）

小瑶说："我知道了，我也很爱爸爸妈妈的。"

结局翻转

从此以后，小瑶更加爱自己的父母了，也知道了女孩子要保护自己。

✏️ **家长反思**

反思一

在两次情景剧场中，父母对小瑶的问题回答的表现有哪里不一样？对小瑶又有怎样的影响？

_____

_____

反思二

在孩子的成长过程中，孩子是否有问过类似"我从哪里来"的问题？你当时是如何对孩子讲述"我从哪里来"这件事的？

_____

_____

📚 **养育秘籍**

怎样走进孩子的心灵世界？

《3~6岁儿童发展指南》和《捕捉儿童敏感期》中都有提到4~5岁幼儿是对出生和性别极为敏感的时期，在此期间，小朋友对于生命的探究充满好奇，这也是社会性别差异认知萌芽期。孩子在4~5岁是打听出生的敏感期，往往在这个时期孩子开始会询问周围的人，自己是从何处来。此时，成人的回答不能随便应付，因为这是孩子对自身归属感和安全感的来源。

如何全方位保护孩子成长？

（1）家长可以通过简单有趣的方法，帮助孩子认识身体的构造、生殖器官的结构和功能，了解人类起源、身体发育的知识，并用通俗易懂的方式帮助孩子应对自己身体的变化，教会孩子如何采取正确的措施照顾好正在变化的身体。有助于消除孩子今后在性发展和性行为中的恐惧、焦虑等负面情绪，促进孩子的身心健康。

（2）帮助孩子形成科学的价值观和社会规范，让孩子在关心自己中懂得宽容、尊重、责任、权利和平等，在不同的场合选择合适的与性相关的活动；帮助孩子正确认识与处理男女两性关系及其与之相关的道德与法律，增进孩子对性行为所负的责任感。

（3）及时让孩子了解生命孕育过程，有助于孩子安全感的产生。促进儿童青少年与家人、朋友、同学、异性形成更好的关系，帮助孩子发展同学之间正常的友谊。

（4）鼓励孩子对自己行为的负责，拒绝过早、非自愿或被迫的性行为，也有助孩子学会保护自己。

家长宝典。

（1）家长需要改变刻板印象。认识到儿童性教育是一个很重要并且很健康的话题，了解儿童性教育就是生活常识，可以减少孩子在成长中的很多麻烦。

（2）可以买一些儿童性教育方面的绘本如《小鸡鸡的故事》《爸爸妈妈，我从哪里来》《我来保护我自己》，和孩子一起阅读，家长陪着孩子一起看，孩子有不懂的地方可以当场问爸妈。

（3）家长可以给孩子看一些儿童性教育动画片，比如《小威向前冲》。

（4）教育的原则。

① 鼓励孩子的好奇心，不能逃避孩子的问题，可以说不会，但不能敷衍。

② 爸妈提前储备好儿童性教育方面知识，遇到不知道可以和孩子一起去寻找答案。

③ 一定要用这个年龄段孩子可以听懂的语言来解释。

④ 孩子问爸爸时便爸爸回答，问妈妈便妈妈回答，或者父母一起回答，不要互相把责任推给对方。

🎈 亲子时光

活动主题

父母合作让孩子更清晰地了解生命孕育的过程。

活动步骤

（1）亲子阅读绘本故事《我从哪里来》，并解决孩子的问题，不懂的地方及时查询资料解答孩子。

（2）亲子一起观看性教育动画《小威向前冲》，邀请孩子提出问题，并进行及时解答。

（3）和孩子一起在腰上绑一个大大的气球，并保护它一天，尝试体会孕育的辛苦。

（4）和孩子进行一天的交流、分享。

第十二节 认识身体：教孩子学会保护自己

🔭 情景剧场

情景初现

小琪今年9岁了，即将步入青春期，身体也开始发育，弟弟小曦8岁，刚上二年级。有一天，妈妈看到电视上出现女童被性侵的新闻，想教育孩子提高自我保护意识，便对坐在沙发上的女儿说："现在社会上坏人越来越多，小琪，你是女生，要听妈妈的话，不管是谁都不能随便碰你的身体。"

情景剧视频

小琪对妈妈说："知道啦！"

小曦疑惑地问："妈妈，你说为什么坏人喜欢伤害女生呢？"

妈妈说："女生力气小，斗不过坏人，所以容易被伤害。而男

生强壮，坏人不敢伤害他们。"小曦骄傲地对姐姐说："姐姐，那你要好好锻炼身体，变得强壮起来才能对付坏人哦。""哼，你们男生有什么了不起的。"小琪瞪了他一眼。小曦向妈妈打小报告说："妈妈，我昨天还看到小琪和乐乐抱在一起玩，还经常手拉手呢！"小琪："我们在玩游戏……"妈妈叹了口气，皱着眉头对小琪说："小琪啊，你怎么能这样呢，你是女生，你已经长大了，这样很丢人的，以后不准玩这种抱来抱去的游戏，会被人笑话的。"小琪委屈极了，而小曦在旁边一直嘲笑小琪："丢人，丢人，丢人！"小琪生气地跑回房间去了。

家长的内心独白：现在女童性侵案件越来越多了，我只是提醒小琪让她提高警惕，不能让我的女儿受到伤害，真没想到姐弟两人会吵起来。

小琪内心独白：臭弟弟真的太气人了，看我待会怎么收拾你。妈妈凭什么总说女生弱，男生强，难道男生就不会遇到会坏人了？而且乐乐是我的好朋友，又不是坏人，玩游戏的时候抱一下，手拉手为什么不行？

（从女儿的视角看，她觉得妈妈这样解释不公平，因为不只是女生可能遇到危险，男生也会。小琪喜欢和乐乐拉手一起放学，是因为乐乐是她的朋友，并没有伤害她，希望妈妈可以理解她。）

🔄 读懂孩子，翻转剧情。那我们再来一次吧！

情景再现

小琪今年9岁了，即将步入青春期，身体也开始发育，弟弟小曦8岁，刚上二年级。有一天妈妈看到电视上出现女童被性侵的新闻，想教育孩子提高自我保护意识，便对坐在沙发上的孩子们说："孩子们，你们知道我们的身体有哪些器官吗？"小琪说："这还不简单，鼻子、耳朵、眼睛。"小曦大声说："还有小鸡鸡。"

"咦，真恶心。"小琪嫌弃地讲到。没想到妈妈却说："小琪，我们要勇于认识自己的身体的每一个器官，不用害羞的。小鸡鸡也叫阴茎，是男生的生殖器官也是隐私部位。那你们知道什么是隐私部位吗？"（家长树立榜样，温和地回应孩子的提问，破除小琪对性知识的羞耻感。）小琪不好意思地说："隐私部位是不能让别人随便碰、随便摸的地方。"

妈妈："说得对！除了生病需要医生检查身体外谁都不能触碰。那你知道哪些地方是女生的隐私部位吗？"小琪说："胸部和屁股？"妈妈说："是的，女生的乳房、阴部和臀部是隐私部位，无论游泳还是跑步，冬天还是夏天，人们都会穿着内裤，女生长大一点还会穿上胸衣。"

"但是男生和女生的隐私部位可并不只是这些哦，只要是我们不愿意被别人触碰的地方都可以是隐私部位，例如有的人不喜欢别人摸自己的头，有的人不喜欢别人摸自己的腰，明白了吗？"（教孩子认识隐私部位，学会保护自己。）

小曦小琪一起说："明白了。"小琪说："妈妈我突然想起，上次玩抓人游戏的时候，我觉得不舒服，因为乐乐突然抱着我的腰，这也算吗？"妈妈对小琪说："是的，遇到这种情况，你可以大声告诉乐乐你的感受，让他下不为例。"（给孩子提供方法指导。）"我明白了。"小曦说，"有些男生在卫生间脱别人裤子捉弄别人，这也是不对的。"妈妈说："是的，男生也要学会保护自己，不论是男生还是女生，如果遇到别人随意碰你的身体，尤其是被衣服遮挡住的地方，让你感到不舒服，一定要大声表达感受，并且让他住手，回家告诉爸爸妈妈。"（培养孩子性别平等的观念，让孩子学会自我保护的方法。）小琪和小曦同声说："知道了。"

结局翻转

姐弟两人高兴地回房间学习去了。在妈妈的教育下，孩子们明白了认识自己的身体，谈论性不是让人羞耻的事情，也学会了自我保护的方法。

家长反思

反思一

在情景剧场中，妈妈两次的做法有什么不同？效果如何呢？

_____

_____

反思二

你是怎么对孩子进行性教育的呢？你的启发是什么？

_____

_____

养育秘籍

为什么我们要对孩子进行性教育？

很多家长在性教育方面有诸多偏见，认为"性是不好的""女孩被性侵是着装不当"等，多以感觉尴尬、不知如何讲等逃避对孩子进行性教育。事实上，性教育是建立关系的一种教育，性教育依赖于双方亲密、信任的关系，也借由教育的过程更加巩固亲子间的亲密和信任。

如果家长不对孩子进行性教育，那么对性知识的好奇将让孩子通过网络等各种渠道自学，这样做并不利于孩子学到科学的性知识。如果父母在讲述性知识的时候，不是防御的、恐惧的、焦虑的、害羞的和有顾虑的，而是自然的、开放的和中立的，那么孩子就会将性知识视为一种正常的学习，并且在一定的规则之内把握好自己的行为，学会保护自己并尊重他人。父母是孩子最亲密、最信任的人，也是对孩子进行性教育的第一责任人，所以家庭性教育对孩子来说很重要。

怎样帮孩子认识自己的身体？

第一，帮助孩子认识生殖器官。通过阅读绘本或者观看性教育的科普视频，告诉孩子区分男女最主要的是生殖器官。男孩的生殖器官包括外生殖器阴茎和阴囊、内生殖器、射精管、输精管、尿道、睾丸以及附属腺体。女孩的外生殖器包括阴阜、阴蒂、大阴唇、小阴唇和阴道口等。内生殖器官包括阴道、子宫、输卵管和卵巢。

第二，引导孩子学会保护生殖器官。生殖器官是身体非常重要的一部分，需要我们保持卫生，每天用温水清洗外生殖器官。每天要换洗内裤，并把内裤在阳光下晾晒。做运动或者游戏时要小心，避免生殖器官受到伤害。

第三，教育中强调男女平等的原则。虽然男孩和女孩的身体有不同，但是我们作为家长，需要告诉孩子们：男孩和女孩的身体都一样美好，男生女生是平等的，都应该得到爱和保护。

第四，引导孩子保护身体的隐私部位。让孩子知道内衣内裤遮盖的部位，生殖器官都属于隐私部位。无论是女孩还是男孩都要保护好隐私部位，上厕所、换衣服、洗澡的时候要关好门；不在公共场所随地大小便；不暴露自己的隐私部位；不要让别人触摸自己的隐私部位；也不去触摸他人的隐私部位。

怎样帮助孩子预防性侵害？

儿童性侵害包括强奸、猥亵、引诱儿童卖淫，向儿童传播淫秽物品等危害儿童身心健康的行为。它是对儿童人身权利和人格的侵犯，是决不允许的。性侵害的形式有男性对女性的，男性对男性的，女性对男性的，还有女性对女性的。大多是施害者是男性，既包括陌生人，也包括身边熟悉的人，比如家人、亲戚、保姆、邻居、爸爸妈妈的同事、老师等。

家长们可以有意识地采取一些措施降低孩子遭受性侵害的风险。

（1）出门前先跟父母交代好要去哪里，跟谁见面，什么时候回来。

（2）不要一个人去僻静的地方。

（3）不单独去别人家玩耍、过夜。

（4）不单独去见陌生或网友。

（5）不随便跟陌生人说话。

（6）不吃陌生人给的食物和饮料。

（7）一个人在家时把门窗关好，不轻易让人进屋。

（8）发现潜在的危险时，想办法离开现场。

（9）加强身体锻炼，学习防身术，以在危险情境中有足够的力量逃脱。[1]

亲子时光

活动主题

保护自己我能行。

活动步骤

亲子抢答比赛，完成以下的判断题并说明原因。

[1] 《预防儿童性侵害系列读物（6~12 岁）》国务院妇女儿童工作委员会编.

（1）我们的隐私部位是指裤衩背心盖住的地方。（　　）

（2）当有人摸我的隐私部位，要大声地告诉对方不可以。
（　　）

（3）遇到自己不喜欢的身体接触，我都可以拒绝。（　　）

（4）有陌生人拥抱我、亲吻我，只要好玩就没关系。（　　）

（5）坏人让我们帮他们保守秘密，我们就不能告诉家人。
（　　）

（6）爸爸妈妈和警察可以保护我们的安全。（　　）

第十三节　青春期教育：认识月经和遗精的意义

情景剧场

情景初现

晚上，四年级的娉娉和妈妈逛完超市回家，正坐在客厅收拾所买的东西。这时，妈妈正拿着一包卫生巾准备放进房间，小琪好奇地凑过去问："妈妈，你买的是什么？是好吃的吗？"妈妈闪闪躲躲地说："这……这是卫生巾。""卫生巾是什么

情景剧视频

啊？"娉娉说着就想抢过来看看。妈妈有点不耐烦地说："这是妈妈用的东西，你一个小孩子管那么多干吗？"娉娉追问妈妈："那我可以用吗？男孩子也可以用吗？"妈妈生气地说："哎呀，都说跟你没关系了，羞不羞呀！长大你就知道了！"娉娉见妈妈有点生气，嘟着嘴低着头很失落。

（从家长的视角看，孩子不停询问卫生

142

巾等女性生理事宜，觉得孩子不知羞耻，让家长难堪。）

（从孩子的视角看，自己不懂就问没有错，只是对生活充满好奇，想多了解一下未知的领域，妈妈反而躲躲闪闪，觉得蒙羞和生气，这让娉娉感到很疑惑和难过。）

| 婴幼儿期 | 少年期 | 青年期 | 中年期 | 老年期 |

读懂孩子，翻转剧情。那我们再来一次吧！

情景再现

晚上，四年级的娉娉和妈妈逛完超市回家，正坐在客厅收拾所买的东西。这时，妈妈正拿着一包卫生巾准备放进房间，娉娉好奇地凑过去问："妈妈，你买的是什么？是好吃的吗？"

妈妈平静地说："这是卫生巾，你是不是很好奇妈妈为什么要买它呢？"（妈妈看出孩子的好奇，觉得这是一个性教育的好时机，化被动认知为主动教育。）

"对呀妈妈，我看你时不时就要买这个卫生巾，感到很好奇。"娉娉问。

妈妈摸摸娉娉的头，微笑着说："我家娉娉真是个善于观察、敢于提问的好孩子。"（妈妈肯定孩子的善观察、爱提问，鼓励孩子可以多向妈妈询问。）

妈妈耐心地说："女孩子到了青春期就会来月经，就需要用到卫生巾。"（妈妈毫不掩饰地讲解，让孩子能坦然认识女性生理特点。）

娉娉继续追问："月经是什么？男孩也会有吗？"

妈妈笑了："青春期的男孩和女孩是不一样的，妈妈家里正好有本关于青春期的书，我们回家一起看看，了解一下吧。"（妈妈认识到性教育的重要性，有准备相应的书籍，并且能和孩子共同探索，让孩子在性教育上少走弯路。）

结局翻转

娉娉和妈妈非常愉快地一起打开书，了解更多关于男生女生的青春期发展特点。

（从家长的视角看，妈妈觉得娉娉对女孩子的事有了好奇心，也长大了，是时候要进行引导教育了。）

（从孩子的视角看，感谢妈妈耐心地讲解自己和男孩的不同，让我了解到从未接触过的知识。）

家长反思

反思一

情景初现中，妈妈的做法对孩子会有什么影响？

反思二

当孩子向你询问生理现象的时候，你会怎么去引导？你有没有提前做相应的知识储备呢？

养育秘籍

怎样引导孩子认识青春期的发展特点？

（1）青春期。

青春期是指由儿童生长发育到成年的过渡时期，是以性成熟为主的一系列的形态、生理、生化、内分泌及心理、行为的突变阶段。青春期是一个非常美好的时期，是人的一生中最关键、最重要、最具活力的时期。

（2）月经。

青春期是人体生长发育的第二高峰期，女性以第一次月经出现为主要标志。女儿第一次来月经的时候，妈妈的作用至关重要，请告诉女儿以下这三句话。

①"这是很正常的，很多女同学都和你一样。"（从情绪上安抚好女儿，让她不要担心。）

②"我的女儿，恭喜你长大了。"（女孩来月经，是一个女孩成熟的标志，也进入了人生的新阶段。对女儿说一些恭喜和祝福的话，让她知道这对女孩子来说是一件好事。也要教会女儿一些必要的生理知识。）

③"要注意保护好自己。"（妈妈除了安抚好女儿，告知她必要的生理知识之外，还要教会女儿如何保护自己。）

（3）遗精。

男性进入青春期后，由于各激素的影响，随着精子和精浆的不断储存而溢出的现象，是男性青春期发育的重要标志，男性首次遗精一般发生在11~18岁，是正常的生理现象。

男孩在面对第一次遗精可能会产生恐慌，父亲应告诉他们这种情况并不需要特殊处理，家长要做好孩子的心理建设工作，避免孩子感觉这是羞耻的事情，从而影响他正常的生活和学习。父母应告诉孩子出现这种情况是很正常和普遍的，这代表着他已经像成年人又跨进了一步，同时要把相关的卫生知识告诉孩子。

（4）如何面对孩子关于生理特点的询问。

① 坦然面对，不回避孩子的性提问。

② 多看书籍丰富自己的性知识。

③ 循序渐进，抓住时机有针对性地回答。

④ 教育的方式可以多种多样，如看图说教、朋友式交谈。

有哪些相关的书籍、影片推荐？

（1）孩子阅读：《青春期那些事儿——青春期性教育读本》《女生，我悄悄对你说》《男生，我大声对你说》《苏菲的世界》《学会自己长大》《男生贾里》《女生贾梅》。

（2）家长阅读：《家庭性教育16讲》《目送》《预备青春期》《青春期孩子的心，我懂》《这样说，青春期的孩子才会听》《写给青春期女孩的101封信》《和儿子说的知心话》《青少年的利益：学会理解青春期的孩子》。

（3）亲子共读：《身体的秘密：青春期男孩使用手册》《身体的秘密：青春期女孩使用手册》《男生女生大作战》《给女孩的身体书》《给男孩的身体书》《成长的秘密》。

（4）影片推荐：《青少年性保健知识》《花季小樱桃》《雨季葱头仔》。

亲子时光

活动主题

明明白白我的性。

活动步骤

（1）准备：男孩 / 女孩的卡通人形图片、男孩 / 女孩青春期发展特征的文字条 + 空白条。

（2）张贴：让孩子张贴青春期的生理特点（如下图）。

（3）提问：孩子在空白条上写上自己的问题。

（4）探讨：怎样应对青春期变化？

长胡子
喉结
出现腋毛
睾丸及阴茎增大出现阴毛

出现腋毛
乳房发育有硬块（胀痛）
阴道流血来月经

第 四 章

生涯规划篇

第一节　一年级：让孩子埋下梦想的种子

情景剧场

情景初现

晚上九点多，梦莹还趴在桌子上写作业，她的注意力明显不集中，要么打哈欠，要么玩橡皮，还经常发呆，妈妈看到她这幅漫不经心的样子，脑门突突的痛，忍不住说："梦莹，早就跟你说了，回来先把作业写完，再去做手工，你非不听，现

情景剧视频

在好了吧，都这个点了，作业还没写完。"梦莹低着头，不吭声，疲惫的脸上浮现着不符合年龄的淡漠。妈妈不禁叹了口气，孩子从小就热衷各种手工制作，梦想着以后能成为一名手工制作师，制作各种各样精美的物件。小时候没有学习压力，妈妈还能由着她玩耍，现在进了小学，学习压力增加，她还是花很多时间在做手工上，也因此导致作业完成的时间越来越晚，睡眠严重不足。

（从家长的视角，希望孩子能够以学业为主，按时完成作业，早点休息。）

孩子内心独白：妈妈，从小到大，我就喜欢做手工，我享受完成手工时的自豪和满足感，但我也想当一个好学生，认真完成

作业，可你为什么总是不理解我，每天都要说我写作业拖拖拉拉。

（从孩子的视角看，梦莹希望学习和手工两不耽误。）

🔄 **读懂孩子，翻转剧情。那我们再来一次吧！**

情景再现

晚上九点多，梦莹还趴在桌子上写作业，她的注意力明显不集中，要么打个哈欠，要么玩一会儿橡皮，还经常发呆。妈妈看到她这个样子，忍住心里的烦躁，温和地询问梦莹："梦莹，你还有多少作业没完成？"梦莹回答："还有一篇算术要写。"妈妈让梦莹放下手中的笔，耐心地引导她反思："老师安排的作业并不多，为何还花了这么长的时间？"（妈妈用平和的心态正确面对孩子出现的问题，避免孩子出现过多的焦虑和不安。）

原来梦莹放学回家后，就把作业放在一旁，先玩起了小船的手工拼图，玩得太入迷，导致忘记了时间，这才出现了九点多还在赶作业的一幕。妈妈了解情况后，首先认真观摩了一下梦莹做的小船，赞扬梦莹的手工越做越精致，有梦想是一件值得骄傲的事情。（妈妈对孩子的梦想给予支持和肯定。）

然后适当地提出了玩手工和写作业的时间要求和先后顺序，必须先完成作业，才能玩手工，学生也要有自己的责任和使命。梦莹答应了，高兴得合不拢嘴。（通过尊重、冷静的建议，督促孩子正确安排时间。）

结局翻转

晚上，梦莹精神抖擞地完成了剩余的作业，并做了一个香甜的梦。

✏️ **家长反思**

反思一

情景再现中，梦莹妈妈的做法有什么不同？效果如何呢？你

149

的启发是什么？

_____

_____

反思二

你家孩子都有什么梦想呢？是否因为"玩物丧志"而影响学习和睡眠呢？你都知道成长需要多少肥沃的"土壤"吗？

_____

_____

养育秘籍

什么是梦想？

梦想是对未来的一种期望，指在现在想未来的事或是可以达到但必须努力才可以达到的情况，梦想是一种让你感到坚持就是幸福的东西，甚至其可以视为一种信仰。孩子内生的动力级别一共有五个等级，分别是接受、喜欢、崇拜、感恩，再到信仰。我们努力的方向就是让孩子对自己的梦想达到信仰的级别，可以保持十年以上奋斗的激情。

梦想对孩子的成长什么影响呢？

（1）梦想能让孩子树立目标，拥有不断前行的努力和方向。

（2）能够帮助孩子积极抗压，注意力更集中。

（3）有利于形成良好的心理素养和价值观。

（4）梦想是孩子一生的财富。

怎样帮助孩子埋下梦想的"种子"？

（1）了解孩子的学习情况，制定作息时间表。

当孩子因"过度"痴迷兴趣爱好而出现作业完成的时间越来越晚，休息时间越来越少的情况时，家长有必要考虑一下，是否调整好"梦想"和学习的时间规划。家长可与学校老师积极沟通，了解孩子在学校的学习情况，共同商讨出有效对策，或是减少作业量，或是根据孩子的学习情况调整兴趣爱好的时间。

一年级的学生正处于从幼儿园步入小学的阶段，家长可以引导孩子对时间观念提起重视，根据孩子的生活习惯和学习任务制定合理的作息时间。告诉孩子几点应该起床，几点应该完成作业，几点可以自由掌控做自己想做的事情，几点应该睡觉。严格遵守作息时间表，放学回家就开始写作业，提高学习效率，早睡早起、睡眠充足的孩子才会显得朝气蓬勃、精力充沛。

（2）提高完成作业的效率。

要想给予孩子较多实现梦想的机会，就应该保证有充足的时间来完成。但现在很多孩子每晚花在写作业上的时间越来越多，有些是因为作业量较大，确实花费时间较长，有些则是因为孩子贪玩无法集中精神学习。家长应该尽可能地多帮助孩子掌握学习的方法，从而提高效率。例如给孩子的作业划分难易区，规定每个区域作业的完成时间，孩子按时完成后，家长可以选择给予鼓励夸奖或者小礼物，以此提高孩子的学习兴趣。

（3）家长以身作则，成为后盾。

作为父母，我们应当对孩子的梦想持肯定态度。从咿呀学语的孩童到朝气蓬勃的少年，孩子需要父母的科学引导才能进步，而梦想更需要父母的支持。一个良好的环境氛围，对孩子的身心影响是非常大的。家长们应当集合全家人之力，统一言行和态度，以适度的鼓励、支持为主。当孩子遇到失败时，家长应及时站出来作孩子坚实的后盾，帮助他们保存梦想的"种子"。

（4）端正梦想态度，改变不良行为。

树立梦想最好的时间段是小学阶段，也就是 6~7 岁。一年级的学生缺乏独立思考和正确的判断力，容易受他人或者环境的影响。家长可以利用孩子班级同学或者榜样人物范例的力量，引导孩子认同和模仿，端正学习和梦想的态度。梦想在这时就起到监督的作用，会促使孩子变得更加专注，不容易受到其他外界事物的干扰。当孩子出现认知错误或者不良行为时，家长要在用心呵护孩子梦想的同时，帮助他们分析错误的学习态度，了解不按时完成作业、拖沓导致的睡眠不足带来的危害，将"要我做"努力变成"我要做"，这样才能从根本上解决梦想和现实的两难问题。

（5）做"减法"，确立梦想。

许多家长在周末给孩子报了各种课外班，如弹钢琴、学书法、学画画、学羽毛球等，虽然说艺多不压身，但是给孩子不断做"加法"也会给孩子造成一些不必要的负担。比如孩子可能会觉得越学越累，每个周末甚至比上学的时候还累，这样他就会慢慢地失去对这些课外班的兴趣。相对来说，做"减法"的方式更好。

可以观察孩子在众多兴趣爱好中对哪样是最感兴趣的。比如在钢琴、书法、画画、羽毛球中，发现孩子只有在学书法的时候最坚持专注，丝毫不受外界干扰，就可以在这方面着重培养，将兴趣爱好上升为梦想。在这个过程中，我们可以这样做。

① 要给到孩子高质量的培养，如要求孩子学书法，那自己也要掌握一些基本的知识，不然很难做到有效沟通。

② 多给予孩子沟通和鼓励，明确地告诉孩子哪些地方做得很好。

③ 帮助孩子把兴趣爱好变成自己每天的习惯。

21 天养成一个习惯，90 天固化这个习惯，当孩子对自己的梦想形成信仰以后，就会变成自己的一种习惯。习惯成自然，孩子就会像每天都要吃饭睡觉一样去追逐梦想！

亲子时光

活动主题

寻找"梦想"。

活动步骤

（1）建立个人小档案。通过小档案可以初步、直观的了解孩子最本质的想法。

world

姓名：
性别：
身高：
最好的朋友：
最喜欢的老师：
最喜欢的课：
特长：
梦想：

（2）亲子阅读。亲子阅读除了能拓展知识外，还能帮助孩子寻找并确立梦想。

第二节 二年级：生涯教育的探索黄金期

情景剧场

情景初现

晚饭后，一诺在客厅玩着他心爱的乐高积木。

妈妈说："怎么好几天没英语打卡了呀？你太让妈妈失望了！"

情景剧视频

153

一诺低下头说："我就是不想打卡，读书好累。"

妈妈听了很不赞同地说："你们现在回家都没作业了，就是一个读书打卡，有什么好累呀。"

一诺听了忍不住顶嘴说："你平时在家也什么都不干，我也没有看见你学习啊，还常常玩游戏。"

妈妈听了一诺的话有点心虚，但又觉得她这样跟妈妈顶嘴很没有礼貌，生气极了，于是大声斥责一诺："我天天上班累死了，你就在学校学习有什么好累呀！还不赶紧给我打卡！"

一诺看见妈妈生气的模样害怕起来，不甘不愿地拿起书随便读了几页。妈妈拿起手机看了起来。一诺看似认真地读着书，心里赌气得很，一个字也没记住。

（从家长的视角看，孩子在学校学习很轻松，在回家没有书写作业的情况下都不愿意读书，没有一点作为学生的学习自主性。）

孩子内心独白：妈妈，平时也没见你认真学习，今天我只是玩了会儿积木就被说了，我在学校学习很认真的，我就是想在家休息一下不行吗？

（从孩子的视角看，妈妈自己也爱玩手机，现在就要求自己学习，都没有以身作则。）

🔄 **读懂孩子，翻转剧情。那我们再来一次吧！**

情景再现

晚饭后，一诺在客厅玩着他心爱的乐高积木。

妈妈说："怎么好几天没英语打卡了呀？你太让妈妈失望了！"

一诺低下头说："我就是不想打卡，读书好累。"

妈妈听了很不赞同地说："你们现在回家都没作业了，就是一个读书打卡，有什么好累呀。"

一诺听了忍不住顶嘴说："你平时在家也什么都不干，我也没有看见你学习啊。还常常玩游戏。"

妈妈听了虽然有点不高兴，但是知道越是压迫孩子学习，孩子越会不爱学习。于是妈妈对一诺说："好，那先不打卡了，妈妈能问你一个问题吗？"（回应孩子的感受和情绪，降低孩子的对抗性。）

一诺说："好。"

妈妈接着问："妈妈知道你的乐高积木拼得很好，那你能够告诉妈妈，要把乐高积木要拼得高高的，需要的是什么吗？"（利用孩子喜欢的积木打开话题。）

一诺自信地回答："要底下拼起来稳固，每一块都要卡紧了，下面越稳，拼起来就越高了。"

妈妈接着说："嗯，你说得没错，要把底子打得扎扎实实，积木才能越拼越高，最终拼成你喜欢的城堡。我们每个人也是一样的，只有把底子打好了，才能够做自己想要做的工作，你说对吗？"（用搭城堡给孩子提供思路，启发孩子自主思考。）

一诺点头同意："对。"

妈妈继续说："嗯，其实妈妈知道每个人都会有觉得累的时候，比如妈妈有时候会不想上班，奶奶有时候会不想做家务，所以你有时候会不想打卡对不对呀？但是我们每个人是需要积累才能长大的，这跟拼积木的道理也是一样的，比如你需要每天吃饭才能长高。学习和吃饭很像，要不断地学习才能积累知识。但也有点不同，你知道是什么吗？"（分享自己的经历，帮助孩子认识到对长期的打卡学习感到疲倦是可以理解的，也启发孩子思考人为什么学习。）

一诺好奇起来："有什么不一样啊？"

妈妈点着一诺要读的书说："我们人会有忘性，你知道是什么意思吗？"（用孩子的生活经历协助孩子进行思考。）

155

一诺摇摇头："不知道。"

妈妈拿起一诺曾经买过恐龙系列中的一个说："妈妈问你，这只恐龙叫什么名字呢？"

一诺吐吐舌头不好意思地说："忘记了。"

妈妈拿起恐龙模型说："这是三角龙呀！你忘记了吧，以前你可是有几十只小恐龙，每一只的名字你都能够说出来，但是现在很长时间不玩了，你就把他们忘记了，对不对？这就是忘性，你现在英语学习得还不错，偶尔跟外国人见面的时候，你还能够用英语和他们自由地交流，但是如果你把英语忘记了，那多可惜呀！"（用孩子感兴趣的话题，引出坚持学习英语的重要性，帮助孩子养成坚持学习得好习惯。）

一诺点点头："是呀。我要好好学习，掌控更多的知识。"

妈妈说："妈妈虽然现在已经学习了很多知识，但是妈妈也要继续更多的学习，那我跟你一起打卡一本书吧。"（家长主动提出和孩子共同学习，让孩子感受到和家长一起进步的快乐。）

一诺自信地说："我要打卡两本。"

一诺和妈妈一起认真地把两本书的英语打卡做完了。

结局翻转

从此以后，在爸爸和妈妈的帮助下，一诺对英语打卡积极多了，在家学习的行为也变得更加主动。

家长反思

反思一

情景再现中，妈妈的做法有哪些不同？你在孩子一、二年级时，是否做过提高孩子学习兴趣，培养孩子自主学习能力的事呢？具体是怎么做的呢？效果如何？

反思二

看了两个情景剧场后，当你遇到孩子不愿意学习时，你觉得自己会怎么教育孩子呢？请写下来。

养育秘籍

如何理解成长阶段规律？

根据美国发展心理学 Erik H. Erikson 理论可知，6~12 岁是儿童获得勤奋感和避免自卑感阶段，此时学龄初期儿童的智力在各方面的刺激下得到不断发展，特别是逻辑思维能力发展迅速，他们提出的问题很广泛且有一定的深度。此时，他们各方面能力也同样在日益发展，他们的活动范围已经扩展到学校以外的社会。这时对他们影响最大的已经不是父母，而是周围的环境与人类。如果在他们探索世界的过程中得到成人的支持、帮助与赞扬，则能进一步推动他们获得自主学习性，并进一步对这些方面发生兴趣。

如何把握孩子的成长时机？

小学生生涯教育并非是让孩子在孩童时期选定发展的方向，决定他们的职业生涯，而是在小学阶段，家长和学校方面要帮助孩子养成良好的习惯。如遵守社会公共秩序、学会合作等，培养其责任感和信念感，了解自己和周围环境的关系，让孩子学会尊重生命，培养其人际交往的意识，获得人际交往的方法等。

小学低年级的生涯教育重点是培养孩子的基本学习能力，如培养学生的时间观念、学习乐趣以及学习自主性。让学生在生活中了解和观察父母家人的职业角色，最好由父母来传授孩子对职业的基本知识。

在孩子低年级时开展的生涯教育，有助于培养孩子成为独特的个体，用积极的态度接纳自己，自尊、自立、自信、自强。教师、家长必须具备这样的意识和态度，并在此过程中陪伴孩子学习、成长，教孩子基本的生活技能，为他们将来走向社会，获得健康成长奠基。

如何助力孩子成长？

（1）塑造良好的家庭环境。家长放下手机，多与孩子进行阅读、户外运动，营造爱学习、积极进取的家庭环境，有利于培养孩子学习的自主性。

（2）培养独立意识，从内部驱动孩子自主学习。家长要舍得放手，放手越早，独立越好。让孩子遇到问题多思考，不要立刻辅导，让孩子有充足的思考时间。家长要鼓励孩子去观察、去探索、去钻研。好奇心是求知欲，更是心理发展的需求，给孩子提供探索问题的思路，引导孩子通过调查、观察、实验等方式寻找答案。

（3）培养孩子的自主学习能力。家长要培养孩子的规则意识；多与孩子沟通从而提高孩子的口头表达能力和信息理解能力；给孩子选择的权利，提供一个适度的选择范围。

（4）开始让孩了了解职业生活。平时，家长们可以和孩子多聊聊自己的工作性质和特点，有机会也可以让亲戚朋友跟孩子介绍他们的工作性质和特点。如果条件允许，带孩子到单位去参观，让他感受一下真实的职业生涯，了解社会的运作过程。

亲子时光

活动主题

周末，家长和孩子互相画一幅画，题目为《家里的爸爸 / 妈妈 / 孩子》。

活动步骤

（1）孩子画出爸爸 / 妈妈平时在家里做得最多的事情。

（2）爸爸 / 妈妈画出孩子在家的做得最多的事情。

（3）互相交换对方的画。

（4）轮流说画这件事情的原因。

（5）交流自己是不是确实在这件事情上做得最多。

（6）探讨有哪些地方应该进行改善。

题目:《家里的_____》	作者：_____
要求：请画出爸爸 / 妈妈平时在家里做得最多的事情	

评价:☆☆☆☆☆	评语:
题目:《家里的_____》	作者：_____
要求：请画出孩子平时在家里做得最多的事情	

评价:☆☆☆☆☆	评语:

第三节　三年级：帮助孩子进行职业启蒙

情景剧场

情景初现

晚饭后，小刚对爸爸说："爸爸，我长大以后想去开公交车，嘟嘟嘟……我的公交车载着一大群乘客，多酷啊！"爸爸说："酷什么酷？你知道公交车司机早上5点多就要起床吗？你是搞笑的吗？"

情景剧视频

"爸爸，我长大以后真的想要去开公交车。"

"就你现在这个样子，早晨上学叫你起床你都赖着不起，还想去开公交车，拉倒吧你，公交车都没有你的位置。"

"爸爸，我真的长大以后想要去开公交车。"

"你说什么？再说一遍！你上次不是说你长大要去当宇航员的吗？做事三分钟热度。去去去，好好读好你的书，写好你的作业吧，不然什么也当不了，捡垃圾就有你份。"

小刚嘟着小嘴，难过地低下了头，怏怏地走进了自己的房间，抱着他心爱的公交车玩具小声地哭了起来……

家长内心独白：儿子啊，当什么公交车司机，又不挣钱又起早摸黑。现在好好读书，将来才有资格选择好工作。

（从家长的视角看，爸爸希望小刚先不要谈职业，当下认真学习，学习好才是王道。）

孩子内心独白：爸爸，当公交车司机多有意思啊，怎么就不能挣钱呢？我就这么差吗，连公交车司机都当不了，要去捡垃圾？

（从孩子的视角看，小刚觉得爸爸总是否定自己，把自己说得一无是处。）

🔄 **读懂孩子，翻转剧情。那我们再来一次吧！**

情景再现

晚饭后，小刚对爸爸说："爸爸，我长大以后想去开公交车，嘟嘟嘟……我的公交车载着一大群乘客，多酷啊！"爸爸摸着小刚的小脑袋说："好呀，如果你愿意当公交车司机，那很多人就会因为你安全出行呢，爸爸支持你！（爸爸用肢体接触感知孩子的情绪，认同孩子的职业选择。）爸爸问你两个问题，你当公交车司机要在哪里当呢？是在中国还是在外国呢？"小刚说："我当然想选择去外国当公交车司机，因为还可以欣赏到外国的优美风景，外国还有很多双层巴士公交车，哇，我开双层巴士就更酷了！""哇，听起来真的很帅啊！学好英语就能在外国与外国人自由交流了。如果途中车坏了，你能够自己去修车吗？"爸爸应声道。（爸爸继续引导孩子对职业的认知，启发孩子不断思考自己的职业。）小刚自信地说："我当然要自己会修车啦，我要做'万能修'先生。""那你要具备基本的机械知识。"爸爸接着问小刚，"你是只有自己会开公交车还是想要教更多的人怎么去当一个好司机？"小刚说："我还要教别人。"爸爸笑呵呵地说："噢，你还要学会管理。那你想想，要学会这些，你现在开始就要认真努力做什么呢？"（爸爸给孩子的格局来一个升级，让孩子愿意去学习其他的技能，让孩子为了自己的理想、梦想去努力，让孩子找到了动力。）

"嗯，我要好好学习，学习更多的知识和本领，我才能成为一名优秀的公交车司机。"

爸爸拍拍小刚的肩膀，给了他一个大大的拥抱，欣喜地说："儿子，好样的，真有志气！爸爸为你骄傲！"

"放心吧，老爸，我一定会努力的，我去写作业啦！"说完，小刚大步流星地朝自己的房间走去。

结局翻转

晚上，小刚专心认真地完成了各科作业后，给爸爸妈妈分享了一本关于汽车的课外书，还画了一幅关于未来最新双层巴士公交车的设计图送给爸爸。

家长反思

反思一

情景再现中，小刚爸爸的做法有什么不同？效果如何呢？你的启发是什么？

_____

_____

_____

反思二

你家孩子有向你谈起他（她）的职业理想吗？你是如何看待的？又是怎样引导的？

_____

养育秘籍

为什么要先认同孩子的职业规划？

充满幻想、缺乏定性是很多孩子的共同点，一会儿想当飞行员，一会儿想当设计师，一会又要当公交车司机，孩子的梦想总是天马行空。这时家长不要嘲笑孩子、贬损孩子，不要打击孩子的积极性，应该先认同孩子，帮助孩子了解每一种职业，让孩子知道每个职业都有其独特的意义，这样孩子的视野和心胸都会开阔很多。美国社会学家安德鲁·阿伯特说："职业支配着我们的整个世界。它们治愈了我们的身体，衡量我们的收益，拯救我们的灵魂。"帮助孩子树立职业意识，对孩子进行职业启蒙，是每个家长的责任。越早帮助孩子了解相关知识，孩子就越容易建立正确的职业价值观。

怎样启发孩子形成基本的职业概念？

生活中，有很多家长都没有告诉孩子自己的职业，他们习惯了对孩子说："工作是大人的事，你只管好好上学就好。"有时候孩子也会好奇地问："爸爸妈妈，你们的工作是做什么的？"很多家长也没有耐心跟孩子解释，三言两语就搪塞过去，以至于孩子对很多职业并不了解，在之后的人生花费大量的时间去找寻自己的人生方向。把孩子领进多姿多彩的职业世界，可以从身边亲近人的职业谈起，让孩子对家人的职业有所认知，内心也建立起一个对职业的印象。他们的工作特点是什么，工资收入大概是多少，是需要长期在外出差还是办公室职员，如何达到任职水平，他们有哪些教育经历……通过带孩子观察和讨论，他们就会知道职业的背后是巨大的辛劳和付出，从而形成基本的职业概念。

如何从格局上促进孩子职业观的建立？

对于孩子的职业启蒙，是现代教育的一个流行趋势，但却并未被大多家长意识到。职业启蒙的目标是让孩子从成长到成人、从现在到未来做准备，最终找到适合自己的快乐生活模式。我们需要让孩子真实、全面地体验这个世界，增加孩子的眼界和阅历，更要让孩子发现自己的职业兴趣，思考自己想做什么、能做什么以及向往怎样的生活。尽早地启蒙有助于孩子职业理念的建立，早早地在心里生根发芽，发现自己的选择方向，对于孩子未来的职业规划有着不可估量的影响。在国外，很多国家都有关于孩子职业启蒙的相关教程，从孩子幼年时期灌输职业观念，从而促进孩子职业观的建立，帮助他们选择最适合的职业。从小开始人生规划，设立人生目标，家长和孩子可以及时找出差距，调整学习内容，培养相应的能力，有意识地为孩子的未来做准备；更可以在教育资源有限、生存竞争日益激烈的社会中使孩子保有立足之地，拥有美好的人生。

亲子时光

活动主题

制作时光胶囊明信片。

活动步骤

（1）爸爸妈妈与孩子一起在明信片上写下各自童年时期的理想职业或梦想，用文字和图画表达出自己朴素的情感"我想当画家""我想去太空遨游""我希望未来能成为科学家"……

（2）爸爸妈妈和孩子分别将承载着希望的明信片投入时光信箱中，带着对未来的希冀，抽取时光信箱中的明信片，声情并茂地进行未来职业就职演讲。

（3）谁表演得最好就进行物质奖励或精神奖励。

第四节　四年级：帮助孩子增进社会理解

情景剧场

情景初现

妈妈周末加班，回到家已经很累了。看见四年级的儿子一鸣躺在沙发上拿着奶奶的手机在玩游戏。

妈妈很生气地说："你玩多久了？作业做完了没有？"

情景剧视频

听到妈妈的声音一鸣立刻坐起来，把手机放下，说："我没玩多久，奶奶煮饭的时候才给我的。"

"还没多久？都 7 点钟了，你奶奶一般 5 点钟就去煮饭了！"妈妈一把拿走手机扔到餐桌上，说："总是玩，总是玩，都近视了，你是不是要把眼睛看瞎呀？妈妈上一天的班够累的了，你就不会懂点事，让我少生气？"

"可是爸爸在家也整天玩游戏啊，他的眼睛也没有瞎。"一鸣忍不住嘟囔道。

"爸爸上班时玩游戏吗？他只是在家休息才玩一会儿。"妈妈说着，心里也怪一鸣爸爸玩游戏总给儿子看到，替他辩解，心里还有点发虚。

"那我上学也没玩游戏啊，我也只是回家玩一会儿……"一鸣今天豁出去了，刚才那一局还差一点点就结束了，被妈妈打断，他也很恼火。

（从家长的视角看，孩子不应该玩游戏，游戏对眼睛不好，而且容易上瘾。）

（从孩子的视角看，妈妈总说玩游戏对眼睛不好，但是爸爸玩游戏却没有近视，她是强词夺理，就不想我放松一下。）

🔄 **读懂孩子，翻转剧情。那我们再来一次吧！**

情景再现

妈妈周末加班，回到家已经很累了。看见四年级的儿子一鸣躺在沙发上拿着奶奶的手机在玩游戏。

妈妈心里不悦，忍住不发作，问："宝贝，你玩多久了？作业做完了没有？"

听到妈妈的声音一鸣立刻坐起来，把手机放下，说："我没玩多久，奶奶煮饭的时候才给我的。"

妈妈看时钟已经7点了，说："哦，过去2小时了哦。我们不是约好了每次只玩半小时吗？你现在能尽快结束游戏吗？"（提示孩子要遵守约定，并且尊重孩子的选择。）

"妈妈，快结束了，给我2分钟！"一鸣看着妈妈。

"好啊，就2分钟。"妈妈在一旁等着。（给予孩子自我调控的机会。）

当一鸣把手机给回妈妈时，妈妈问："你知道妈妈为什么不许你玩这么长时间的游戏吗？"（引导孩子对自己的行为进行自我反思。）

"因为长时间玩游戏会对眼睛不好，会让我戴上眼镜。"一鸣说。

"除了这个还有其他后果吗？"（鼓励孩子进行自主思考。）

"导致学习成绩下降。"

"是的，妈妈除了担心你的视力、担心你的成绩外，还特别担心你会对这个事情上瘾，一上瘾就失去了自控能力的。"妈妈继续说，"你看爸爸也会玩游戏，可是他可以把游戏和工作分得开，你觉得是为什么呢？"（以身边熟悉的人和事作为借鉴和参考，让孩子很自然地进行身份的转换。）

"因为爸爸总是把工作放在第一位，当有工作要做的时候总是把手机扔到一边，然后会立刻放下手机跑进书房里去工作。"

"是的，这就是爸爸的自控力！"妈妈说，"那你试想一下，如果你参加工作了，在没有自控力的情况下，你觉得在单位里老板会怎样对待你？"（描述事实提问孩子，让孩子在观察中学会思考。）

"老板会找个新的人替代我，我就会失去工作，没有工资，养活不了自己。"

"是的，所以拥有更好的自控力，能在社会上怎么样呢？"（站在"社会人"的角度去思考现在的言行，增进孩子的社会理解，为培养其社会能力打下基础。）

"更好的生存。"一鸣抢答道。

"是的。"妈妈笑了，"你接下来该怎么处理玩游戏这件事情呢？"（给孩子自己做出选择的机会，给予充分的信任。）

"每周玩半小时，说到做到！"

结局翻转

自此以后，一鸣再也没有出现玩游戏超时的现象了。有了自控力，学习也更用心了。

家长反思

反思一

情景再现中，妈妈的做法有什么不同？你理解"自控力"是社会能力的一部分吗？

_____

_____

反思二

根据你的理解，在你培养孩子的过程中，你认为哪件事情是增进了孩子的社会理解？

_____

_____

养育秘籍

什么是社会能力？

社会能力是指人为了在社会更好生存而进行的心理上、生理上以及行为上的各种适应性的改变，与社会达到和谐状态的一种执行适应能力。

一般认为社会能力包括下图所示的三种能力。

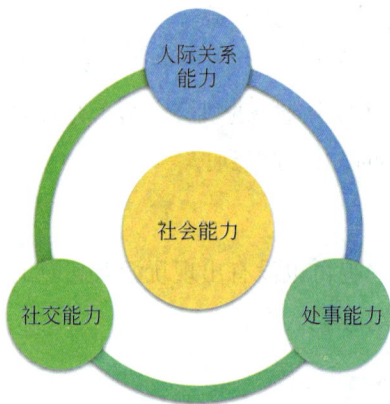

自控力为什么是增进孩子社会理解的重要因素？

自控力可以通俗地理解为控制自己的注意力、情绪和欲望的能力。自控力的培养，是提升孩子社会能力的关键，也是孩子走向社会、适应社会、增进社会理解的基础。

自控力需要我们将当前的行为视为整个生活的一部分，它要求我们为最有利于自己的大目标而控制自己的行为。如上例中，一鸣玩游戏超时一次也许不会立刻造成恶果，长大后拖延一次任务也许不会立刻丢掉工作，但我们要让孩子记住，长期的结果是由多个短期的过程所导致的，所以必须时刻注意控制自己，规范自己的行为和思想，并指挥自己的自控力。

如何培养孩子的社会能力？

（1）要善于从孩子生活和学习中的小事入手，有意识地将社会属性融合进去。建议以身边熟悉的人和事作为借鉴和参考，让孩子很自然地进行身份的转换，站在"社会人"的角度去思考现在的言行，增进孩子的社会理解，培养其"社会属性"，为培养其社会能力打下基础。

（2）与孩子沟通时用不评判的方式进行交谈，注意倾听。因为一旦评判孩子情绪就容易上来，引起逆反心理，从而不能理性去看待问题。

（3）引导孩子自己思考问题，而不是代替他解决问题。孩子成长过程中会遇到许多问题，他需要的是解决问题的过程，而不是家长直接给出的答案。如故事情境中，妈妈让孩子去思考："为什么不能玩那么长时间的游戏？"孩子在思考中，理解了妈妈的要求。而针对"爸爸玩游戏"的事情，孩子不理解，妈妈就要拿孩子的行为和爸爸的行为进行类比，让孩子懂得两者的区别，孩子缺乏自控力，而爸爸拥有自控力。让孩子懂得自控力的重要性，也增强了社会理解力。

（4）放手让孩子成为自己生活的主角，学会自己管控自己，才能最终提升自控力，为更好地融入社会做准备。

亲子时光

活动主题

小小记录员。

活动步骤

（1）周末上午，孩子和爸爸在家，做一个互相观察的活动，观察彼此的言行，不提出任何要求，不评价对方，找出对方有无自控力的表现。

（2）将以上观察记录在下表中，最后分享自己的感悟。

类　别	时间	有自控力的表现	无自控力的表现	我的想法
孩子的观察				
爸爸的观察				
我感悟到				

第五节　五年级：指引孩子树立初步的职业志向

情景剧场

情景初现

看完电影《中国医生》后，一鸣对妈妈说："妈妈，我长大了也要当一名医生，去救治受伤的病人，让他们的身体重新恢复健康。"妈妈高兴地点点头说："我的儿子真有出息。当医生好啊，工资高又受人尊重，是一份体面的工作，儿子你真有眼光！"一鸣说："妈妈，我看护士们也非常勇敢，每当救护车响起的时候，他们就第一时间冲上救护车去抢救病人，我觉得当一名护士也非常令人敬佩，当护士我也愿意。"妈妈说："当护士有什么好啊？当护士很累的，工资又低，干的活又脏又累。在医院里工作还是当医生好，地位高。"一鸣说："我才不管什么地位

情景剧视频

呢，我觉得谁最勇敢，谁就是英雄。医生和护士我都喜欢。"妈妈说："傻孩子，医生待遇好、地位高，妈妈怎么会骗你呢？"一鸣不解地看着妈妈，浅浅笑了一下。妈妈摸着他的头说："孩子，你再长大一点就会明白的，先好好读书吧。"

家长内心独白：儿子啊，医生比护士职业高贵多了。你还小，哪里懂得职业的好坏呀！

（从家长的视角看，妈妈希望选择职业就要选体面的、待遇好的。）

孩子内心独白：我是男孩，我喜欢勇敢的人。医生和护士都非常勇敢，都是我喜欢的职业。

（从孩子的视角看，一鸣觉得妈妈不理解自己，不尊重自己的选择。）

> ↻ 读懂孩子，翻转剧情。那我们再来一次吧！

情景再现

看完电影《中国医生》后，一鸣对妈妈说："妈妈，我长大了也要当一名医生，去救治受伤的病人，让他们的身体重新恢复健康。"妈妈高兴地摸着一鸣的小脑袋说："我的儿子真有出息。当医生非常好啊，刚才电影里的医生，他们面对来势汹汹的疫情，不畏病毒、坚守岗位，想尽一切办法救治病人，医生真是一个了不起的职业。"（妈妈用肢体接触感知孩子的情绪，肯定孩子的选择，让孩子感觉到妈妈的接纳。）一鸣接着说："妈妈，我看护士也非常勇敢，每当救护车响起的时候，他们就第一时间冲上救护车去抢救病人，我觉得当一名护士也非常令人敬佩，当护士我也愿意。"妈妈说："是的，在医院里医生每项工作的开展都离不开护士，护士的工作非常辛苦，每一位病人的康复都离不开护士的悉心照料，医生和护士都值得我们每个人尊重。"（妈妈及时对孩子进行引导教育，丰富孩子的职业认知。）

"对，我觉得医生和护士真的非常勇敢，非常优秀。我真心地感谢他们为社会做的贡献。"一鸣开心地答道。妈妈又问："孩子，刚才在电影里还有其他令你感动的人吗？"

"我觉得建设雷神山医院和火神山医院的建筑工人也很伟大，他们放弃了自己的小家，争分夺秒地为武汉快速建设好了这两家方舱医院，让更多的病人得到了救治，他们也非常的勇敢和值得敬佩。"

妈妈说："对，你真是一个仔细观察的孩子。我也很敬佩这些建设者们，我觉得还有在大街小巷忙碌着的环卫工人，穿梭奔波在城市里投送物资的快递员，维持秩序的警察和社区工作人员，他们的工作没有因为疫情而停摆，他们始终尽自己所能确保着城市的正常运作，这些人都值得我们学习，也非常值得我们敬佩。你说对吗？"（妈妈引导孩子尊重他人的劳动成果，体谅他人的辛苦付出。）

一鸣说："妈妈说得对，没有了这些工作人员，我们的生活肯定会乱套了，就是因为大家都团结合作，武汉才能迅速战胜疫情。我觉得大家都非常棒！"

妈妈搂着一鸣的肩膀，亲切地说："孩子，社会就像一个大型机器，每个人都是其中的一个小齿轮，每一个职业岗位都有它重要的价值和特殊的意义，三百六十行，行行出状元。每种职业都承担着让生活便利、让社会变得更好的责任，每个职业都值得我们尊重。"（妈妈帮助孩子树立正确的职业观念。）

一鸣朝着妈妈微笑地说："对，我感谢每一个为社会做贡献的人，谢谢他们给了我们美好有序的生活。"

结局翻转

晚上，一鸣主动写了一篇有关电影《中国医生》的观后感，坚定了自己的职业志向。爸爸妈妈看了之后非常感动，在文后赠送了一句话："理想和目标是一座灯塔，它让你透过水面的迷雾看到河岸，知道自己前进的每一步都有意义，而没有目标的人每天都在随波逐流、碌碌无为。"

家长反思

反思一

情景再现中，一鸣妈妈的做法有什么不同？效果如何呢？你的启发是什么？

_____

_____

反思二

你家孩子的职业志向是什么？你是怎样引导的？

_____

_____

养育秘籍

如何指引孩子树立初步的职业志向？

（1）丰富孩子的职业认知。父母可以在孩子学习之余，带他融入生活、观察生活，和不同职业的人交流，让孩子知道职业的背后是巨大的辛劳和付出。职业有分工，职业不分贵贱，无论孩子想从事什么职业，只要不违反道德和法律就先不用阻止，也不要讽刺和嘲笑。生活中到处都是素材，作为家长我们也要善于结合社会热点事件，对孩子进行引导教育，丰富孩子的职业认知。

（2）观察孩子的兴趣点。鼓励孩子参加课外活动，发展兴趣爱好，发展孩子的特长。同时培养孩子自己做决定，为自己负责的意识。孩子有各种各样的理想是正常的，这正是他们探索自我的方式，当跟父母的期待不一致时，父母不要着急反对，不妨帮助孩子了解更多的职业真相。同时把选择权交给他，这便是帮助孩子探索和成长。

（3）提醒和强化孩子的志向。孩子年龄小，往往在激动几天后就会忽略他的志向，慢慢把志向消磨掉了，家长可以跟孩子一起每周制订计划和检视计划的执行情况，完成了要给予鼓励和支持，没有完成的话要调整下个阶段的计划。不断提醒孩子，不断给孩子支持，不断用志向去温暖孩子的心、引领孩子的未来，让孩子跟目标越来越接近，这就是帮助孩子建立一个志向的重要意义的所在。

（4）帮助孩子不断调整志向。志向是会改变的，今天孩子定下做科学家的志向，可能过一段时间他会发现自己的天赋和能力不太适合当一个科学家，可能更适合做一个企业家。如果孩子觉得他需要调整目标，家长就需要引导他调整目标，并且督促孩子不断地朝这个目标努力。家长千万不要说："这是你自己的志向，你必须去完成。"这样的话对孩子是一个束缚，反而让他觉得这是一件痛苦的事情，对孩子不利。家长要让孩子觉得人生是美好的，是充满活力和斗志的，人生需要迎难而上。给孩子更多的鼓励和支持，让他明白目标是可改变的，但是朝向目标的努力是不变的。

亲子时光

活动主题

我是小记者。

活动步骤

（1）爸爸妈妈和孩子每人准备一张纸和一支笔。

（2）家长让孩子采访一下家人，问问他们的梦想是什么，他们为什么会产生这样的梦想，然后把家人的梦想记在纸上。

（3）家长请孩子站在台前讲一讲他的采访情况，比如每个人的梦想都是什么，为什么会有这样的梦想，你对他们的梦想有什么想法等。鼓励和引导孩子思考梦想的意义，让孩子谈谈自己的梦想，并引导他说一说自己为什么会有这样的梦想，他打算怎样实现梦想？如果这个梦想实现了，对他来说意味着什么等。

第六节　六年级：制作梦想计划书

情景剧场

情景初现

梦瑶六年级了，她乖巧甜美、有礼貌、喜欢跳舞、成绩也不错，亲友们都很喜欢她。眼看着就要升入中学，大家见面总爱问梦瑶准备上哪一所学校？梦瑶瞪着圆圆的大眼睛坚定地回答："我要上 A 学校。因为这所学校是全市最好的初中，

情景剧视频

名气大，读这所学校才有可能考上最好的高中，我们班好多同学也想去呢，所以我一定要读这所学校。"

爸爸若有所思问："梦瑶，你有想过长大以后准备做什么吗？"坐在沙发上看书的梦瑶抬起头对爸爸说："我还不确定，未来离我太遥远了。"

妈妈说："别做这些白日梦，我们梦瑶马上就小升初，学习要

紧，别浪费时间让女儿想这些没用的。"

爸爸说："可是梦瑶挺喜欢跳舞的，还说以后想成为王老师那样的人，去教小朋友跳舞。"梦瑶妈妈说："别想太多，舞蹈最多只能当个业余爱好。只要梦瑶好好学习，考高分，以后考大学可以找到更好的工作。"

梦瑶听了心里很不是滋味，她原本梦想成为舞蹈老师，但是妈妈也不支持自己。

转眼六年过去，梦瑶的舞蹈也没有坚持学下来，高三即将填报高考志愿的时候，梦瑶看着厚厚的招生指南，怎么都下定不了决心。

（从妈妈的视角看，妈妈觉得孩子小学都还没毕业呢，考虑这些为时过早，而且认为只要孩子考了高分，以后多的是机会，不用思考那么多。）

孩子内心独白：那么多的专业，我居然不知道自己喜欢什么，也不知道长大后想做什么，我从小就只知道努力学习考上好大学，但是专业我该怎么选啊，谁能告诉我该怎么填？

（从孩子的视角看，梦瑶对自己缺乏自信心，心中没有目标，不能为自己的人生做出选择。）

🔄 **读懂孩子，翻转剧情。那我们再来一次吧！**

情景再现

梦瑶六年级了，她乖巧甜美、有礼貌、喜欢跳舞、成绩也不错，亲友们都很喜欢她。眼看着就要升入中学，大家见面总爱问梦瑶准备上哪一所学校？梦瑶瞪着圆圆的大眼睛坚定地回答："我要上 A 学校。因为这所学校是全市最好的初中，名气大，读这所学校才有可能考上最好的高中，我们班好多同学也想去，所以我一定要读这所学校。"

爸爸若有所思地问："梦瑶，你有想过长大以后准备做什么吗？"梦瑶抬起头对爸爸说："爸爸，我还不确定，未来离我太遥远了。"

晚上，爸爸对梦瑶妈妈说："我们梦瑶虽然成绩不错，但好像对未来没什么思考，我们是不是应该做点什么来启发一下她呢？"梦瑶妈妈说："你觉得怎么做合适呢？"爸爸说："我记得上个月，有一次女儿舞蹈班下课以后告诉她想要成为像舞蹈老师王老师那样的人。"（从孩子自身出发，找到兴趣和潜能。）妈妈说："嗯，虽然我不太想梦瑶走艺术的道路，但是孩子心里是有想法的，我应该尊重她，下次舞蹈课课间，我带孩子去找王老师聊聊，也让孩子了解成为一名舞蹈老师要具备哪些能力。"

周末，妈妈带梦瑶去上舞蹈课，舞蹈课下课时，妈妈陪着梦瑶走到舞蹈老师跟前，向舞蹈老师请教成为一名舞蹈老师需要经历哪些训练和学习。梦瑶也在旁边听着。

回到家以后，妈妈问梦瑶："现在你知道成为一名舞蹈老师需要做哪些努力吗？"（启发式提问，让孩子自己思考。）梦瑶激动地说："我知道，今天王老师说了，每天要练功，保持自己的专业能力，学习成绩也要好，大学报考师范类学校。"

梦瑶回到自己的房间，找到自己的日记本，在上面记下来自己的梦想：成为一名舞蹈老师。现在她不仅知道自己梦想是什么，她还知道了可以怎么努力可以实现梦想，梦瑶在妈妈的帮助下制作了一份梦想计划书，贴在自己的书桌前，心里喜滋滋的，打算明天就开始实行自己的计划。妈妈提醒梦瑶，每天晚上都要在日记本上写下当天为梦想做出的努力，这让梦瑶看到了自己的进步。在爸爸妈妈的鼓励下，梦瑶除了学习外还一直坚持练舞。（帮助孩子确立目标，鼓励孩子，帮助孩子坚持梦想。）

结局翻转

转眼六年过去，梦瑶一直坚持练舞，成绩也一直保持在中上水平，高三那年她很快就明确了自己的目标。每当学业压力来临，她感到困难的时候，心中成为舞蹈老师的梦想一直鼓舞着她继续努力。最后，梦瑶考上当地一所师范学校，并选择了自己热爱的舞蹈专业。

家长反思

反思一

情景再现中，梦瑶父母的做法有什么不同？你的启发是什么？

_____

_____

反思二

孩子知道自己的梦想和努力的方向吗？请你采访一下孩子，并记录下来。

_____

_____

养育秘籍

为什么要进行生涯规划?

根据美国生涯学者舒伯的描述,"生涯"是一个人一生中与学业、职业有关的心理与行为的总和。生涯规划一般分为四个阶段,其中 0~14 岁是成长期,受家庭的影响最大。幼儿阶段,孩子主要是通过父母或家人认识社会。这个时候的孩子会表现出某些方面的兴趣、爱好和天赋。因此,对孩子的生涯引导应当从这时候就开始了。

很多孩子不了解自己的兴趣爱好、学习的任务、学习的方法,更没有明确的人生目标。甚至高考之后填报哪所学校、选择哪个专业也是由父母做主。父母根据孩子的考分、录取概率大的学校、今后的就业优势等进行选择,而孩子的意愿和兴趣往往被忽视。其结果是有的孩子稀里糊涂进入大学,对所学专业无兴趣、没动力,在茫然中虚度时光。等到大学毕业工作后,才感觉这份工作根本不适合自己。

小学高年级孩子的身心正处于快速发展阶段,社会意识也正在发展,所以小学高年级这个时期是生涯教育的关键期。父母不应把孩子的学习目标定位为取得好成绩、考所好大学,而是应该引导孩子去思考自己的未来,在认识自我的基础上制定出与生涯发展目标相联系的学习目标。只有这样,孩子们的脑子里才不会只有老师教给的知识,而更加明白这些知识和自己的将来有什么关系,知道自己的目标是什么,并更加明白自己可以通过哪些途径来探索和拓展自己的兴趣。

如何指引孩子制作梦想计划书?

(1)引导孩子认识自己,做出客观的自我评估。家长需要从孩子自身出发,找寻孩子的兴趣、能力、发展方向,充分发掘孩子的兴趣、潜能,相信他们一定有能力规划自己的人生,并且让孩子给自己拥有的各项能力打分。切忌将自己的愿望和喜好强加在孩子身上，左右孩子的判断。

（2）培养孩子认识社会的能力。要让孩子对未来的职业方向有一定认识，父母除了引导孩子了解自己的兴趣爱好，还要重视培养孩子对社会发展趋势的兴趣，学会主动了解自己感兴趣的各种职业的相关知识。只有具备了认识社会的能力，才能对生涯进行合理的规划，将来在职场上才能获得更多的幸福感。

（3）培养孩子学会对人生目标做出抉择的能力。在孩子学会充分认识自己与社会的同时，要引导孩子学会比较各种利弊从而做出选择的能力，帮助孩子选择合符实际情况的人生目标。只有这样，孩子在需要的时候才能做出合理而恰当的选择。合乎实际情况的人生目标，不一定指那些大家公认的最好的选择，而是指适合孩子发展需求的选择。孩子因个体差异，彼之甘露，我之毒药。对别人是"最好"的，不一定适用于自己孩子。

（4）营造良好的家庭氛围，潜移默化培养孩子的兴趣。家族教育对孩子生涯引导成功的例子自古有之。有句话叫"子承父业"，家族事业代代相传。如果父母非常热爱自己的事业，在家抱怨少，那么传递给孩子的精神是对自己事业的热爱与执着追求，孩子们对父母职业的认识一般是正面的。父母也能够利用自己的专业优势，潜移默化培养孩子的兴趣，孩子就会愿意继承和发扬光大父母的事业。如果父母传递给孩子的是自己职业方面的自卑、抱怨、职业倦怠感，这些负能量同样也会潜移默化传递给孩子。

亲子时光

活动主题

给未来的自己写一封信。

活动步骤

家长给孩子一张信纸，鼓励孩子给未来的自己写一封信，写出自己未来最想做的职业，以及现在开始可以做出的行动。写完贴在书桌上，每日鼓励自己，还可以在旁边写上鼓励自己的话。

未来的 _____ 你好：

　　我是___岁的你。我想成为 _____，为了让你更加优秀，从现在起，我会 _____

_____

_____

_____

参 考 文 献

[1] 苗岩. 标签效应 [J]. 中小学心理健康教育，2006（15）：54.

[2] 李晓军. "绿领巾"事件与"标签效应"[J]. 中小学心理健康教育，2012(3)：47-47.

[3] 朱浙云. "反话"正说：给孩子一个积极的心理暗示 [C]// 第四届无锡市中小学积极德育研讨会暨全国中小学德育工作现场观摩会论文集. 2017：215-217.

[4] 樊登. 读懂孩子的心 [M]. 北京：中国友谊出版公司，2019.

[5] 邓林园，王小婷，熊玥悦，等. 二孩家庭中的父亲陪伴、母亲情绪与小学头胎儿童心理行为适应的关系 [J]. 中国临床心理学杂志，2020.

[6] 蒙台梭利. 蒙台梭利幼儿教育科学方法 [M]. 北京：人民教育出版社，1993.

[7] 汤蓝欣. 浅谈教师如何正确应对幼儿敏感期教育 [J]. 天津教育，2020（14）.

[8] 石梦良，赵苗菲. 幼儿家庭性教育的现况研究 [J]. 教育教学论坛，2019（50）.

[9] 刘姿含. 青春期男孩不必为遗精难为情 [J]. 青春期健康，2016（23）：44-45.

[10] 项芳梅. 试谈小学青春期性安全教育 [J]. 小学教学参考，2013（33）：82-83.

[11] 姚佩宽. 中国青春期性教育研究和实践 [J]. 当代青年研究，1990（6）：35-41.

[12] 埃里克·H. 埃里克森. 同一性：青少年与危机 [M]. 杭州：浙江教育出版社，1998.

[13] 林崇德. 发展心理学的现状与展望 [J]. 北京师范大学学报(社会科学版)，1998（1）.

[14] 杨美玲，翟舒怡，梁君英，等. 国际儿童发展心理学近三十年发展动向：基于《儿童发展》的文献计量分析 [J]. 应用心理学，2022（2）.

[15] 魏丽苹. "梦想+"生涯教育课程照亮孩子美好未来 [J]. 河南教育（教师教育），2022（4）.

[16] 郭婷. 浅谈埃里克森的人格发展阶段理论 [J]. 理论导报，2010（6）.